多模态信息技术与儿童发展融合创新

——以学前留守儿童为个案

宋占美　著

国家社会科学基金项目（BHA160085）研究成果

浙江省哲学社会科学领军人才培育专项重大课题（23YJRC13ZD）研究成果

科学出版社

北　京

内 容 简 介

本书聚焦学前留守儿童群体，将多模态信息技术与学前儿童发展进行融合创新，重点梳理了多模态信息技术应用于学前留守儿童的发展评估及教育促进的主要内容、理论依据。

全书分为六章，内容覆盖留守儿童发展及干预现状、多模态信息技术与儿童教育的融合创新、学前教育质量对留守儿童发展的影响、家庭教养方式对留守儿童发展的影响、留守儿童发展评估与教育促进研究及留守儿童干预措施。

本书适用于普通高等学校、各类职业教育院校的学前教育专业及幼儿师范院校的学生，也适用于从事幼教专业的人员及学前儿童家长学习、参考。

图书在版编目（CIP）数据

多模态信息技术与儿童发展融合创新：以学前留守儿童为个案/宋占美著 . 一北京：科学出版社，2024.5

ISBN 978-7-03-076887-2

Ⅰ．①多⋯ Ⅱ．①宋⋯ Ⅲ．①信息技术－应用－农村－学前儿童－发展－研究－中国 Ⅳ．①G619.2-39

中国国家版本馆 CIP 数据核字（2023）第 212969 号

责任编辑：王 彦 王建洪 / 责任校对：赵丽杰
责任印制：吕春珉 / 封面设计：东方人华平面设计部

斜 学 出 版 社 出版

北京东黄城根北街 16 号
邮政编码：100717
http://www.sciencep.com

天津市新科印刷有限公司印刷

科学出版社发行 各地新华书店经销
*

2024 年 5 月第 一 版 开本：B5（720×1000）
2024 年 5 月第一次印刷 印张：10 1/2
字数：246 000
定价：99.00 元
（如有印装质量问题，我社负责调换）

销售部电话 010-62136230 编辑部电话 010-62130750

　　本书能使更多的儿童教育工作者了解留守儿童发展的相关理论和知识系统，以及多模态信息技术在学前儿童发展中的融合创新应用。

　　科学性是本书编写的首要原则。书中阐释的留守儿童发展以实证研究和权威的心理学理论为依据，尽可能多地介绍相关实验研究和理论分析。本书第一章主要介绍与留守儿童发展相关的研究现状及干预方案，第二章介绍与多模态信息技术相关的算法及其与儿童教育的融合创新，第三章主要介绍学前教育质量对留守儿童发展的影响，第四章介绍家庭教养方式对留守儿童发展的影响，第五章介绍留守儿童发展评估与教育促进研究，第六章介绍留守儿童干预措施。

　　应用性是本书编写的第二个原则。书中不仅有理论知识的介绍，还尽可能将理论与实践联系起来，将知识学习与知识应用结合起来。在阐释一些抽象的理论观点时，尽可能辅以相关的案例加以说明，这些内容并非指导性的，而是起到抛砖引玉的作用，目的是与学习者一起探索理论与实践之间的转化应用。

　　启发性是本书编写的第三个原则。学习不仅仅是获取知识，更重要的是学会思考与分析。因此，本书第五章详细介绍了以留守学前儿童为研究对象，利用多模态信息技术深入评估留守学前儿童的语言和社会性发展状况，并研发针对性的多模态教育资源，为中国留守学龄前儿童提供自动化发展评估和立体化教育干预的实证研究。以此为例，学会思考与分析。

　　在本书编写过程中，著者得到了众多专家、学者、编辑、研究生和一线幼教工作者的指导与支持。感谢澳门大学儿童发展与研究中心胡碧颖教授，她在此书撰写过程中提供了诸多帮助；感谢美国纽约州立大学课程与教学中心负责人王晓慧教授，她为此书撰写提供了弥足珍贵的帮助与支持；感谢昆山杜克大学应用自然科学与工程研究院及数据科学中心主任李昕教授，他在技术资料方面提供了诸多帮助；感谢温州大学研究生乔添琪、张雪颖为此书的撰写提供了大力的帮助与支持；感谢科学出版社的编辑为高质量的出版付出了专业、细致且富有耐心的努力。

　　由于本书涉及的范围比较广泛，难免存在不足之处，衷心希望各界同仁及读者不吝赐教，以便在今后的修订中不断改进、完善与提高。

◆ 目　录 ◆

第一章
留守儿童发展及干预现状

第一节　留守儿童发展现状

随着城市化进展及人口流动，一些儿童不得不与父母分离滞留在家中，这些孩子被称为留守儿童（left-behind children）。在许多发展中国家留守儿童逐渐成为一个庞大的群体，由于缺乏父母的有效监护和关爱，一些留守儿童在生活环境、身心健康、人身安全等方面存在不少问题，这不仅影响儿童的健康成长，也给社会带来了极大的危害，因此，留守儿童已成为发展中国家共同关注的社会问题。本节主要从留守儿童产生的背景、概念界定、基本状况、问题行为四个方面进行论述。

一、留守儿童产生的背景

1. 国际背景下的留守儿童

留守儿童产生的背景十分复杂，不同国家和地区的情况不尽相同。近代欧洲曾发生过大规模的人口迁移，但由于流动人口在新城市能够获得相应的生活、教育、就业、社会地位等保障，大部分家庭不会将儿童留在家乡，因此留守儿童数量不多。但是在发展中国家，以提高经济收入为主要动力的大规模的人口迁移使得留守儿童问题成为这些国家共同面临的议题。在国内流动中，流动人口在工作城市面临着户口、就业、住房、教育等障碍；在跨国流动中，移民工人面临着过渡身份等障碍，这些原因导致了留守儿童的产生。从社会阶层来看，国外由移民产生的留守儿童存在于社会各个阶层，主要分布在农村地区和低收入家庭，可见，贫困及贫困造成的资源贫乏也是留守儿童产生的重要原因之一。

20 世纪 60 年代，随着大范围移民现象的产生，移民留守儿童的研究也不断开展，一些国外的学术机构、非政府组织、国际机构诸如联合国计划开发署（The United Nations Development Programme，UNDP）、联合国儿童基金会（United Nations International Children's Emergency Fund，UNICEF）、国际劳工组织（International Labor Organization，ILO）进行了大量的调查研究。

2. 我国留守儿童产生的背景

历史上我国经历过多次大规模人口迁移，不论是"走西口""闯关东"等国内人口迁移还是"下南洋"等海外人口迁移，均会产生亲子分离的情况，一些诸如囚犯、商人的家庭也会由于特殊的人口流动而产生留守人口。可见，留守儿童这一群体从古至今一直存在，但并未受到社会群体的广泛关注。1985 年中共中央、国务院发布的《关于进一步活跃农村经济的十项政策》打开了农村剩余劳动力进城务工的大门。随着社会城镇化脚步不断加快，农村人口向城市转移的规模迅速增加，大规模的流动人口带来了巨大规模的流动人口子女。然而由于我国独特的二元户籍制度和城乡二元经济体制，大部分外出务工人员无力将子女带入自身工作的城市生活和学习，由此产生了一个庞大的社会群体——留守儿童。虽然这一群体规模庞大，但大众的目光并非一开始就停留在留守儿童身上。最初，公众关注的焦点是农民工，大众对农民工的态度经历了由不合理到合理、抵制到帮助、负向到正向的变化。随着时间的推移，人们逐渐认识农民工对城市建设的重要意义，社会各界对农民工的态度大为改观，政府也出台了一系列农民工帮扶政策。20 世纪末，进入城市工作的农民工规模持续扩大，随父母进入城市的农民工子女数量也急剧上涨，农民工子女义务教育问题成为政府关注的重点之一，从 1996 年起，政府出台了一系列关于流动儿童的政策法规，如 1996 年国家教委印发的《城镇流动人口中适龄儿童、少年就学办法（试行）》、1998 年国家教委和公安部联合颁布的《流动儿童少年就学暂行办法》等。各项政策实施后，流动儿童的问题得到缓解，大众对于流动儿童的关注开始降低和转移，进而将目光转移到留守儿童，因此留守儿童这一群体被大众关注经历了"农民工问题-农民工子女受教育问题-留守儿童问题"这一过程，但留守儿童受到社会各界关注的最直接的原因是"三农"问题的不断升温。"三农"问题是指农业、农村、农民这三个问题，它既是大量农村人口向城市转移的原因之一，也是留守儿童大量产生的原因之一。

面对日趋严峻的留守儿童发展问题，2004 年 5 月，教育部召开"中国农村留守儿童问题研究"研讨会；2005 年 5 月，全国妇联等单位开展了"中国农村留守儿童社会支援行动"研讨会；2012 年，全国妇联儿童工作部及中国人民大学人口与发展研究中心开展了全国农村留守儿童、城乡流动儿童状况研究；2013 年，教育部等五部门联合印发《教育部等 5 部门关于加强义务教育阶段农村留守儿童关爱和教育工作的意见》，提出"三优先"政策：优先满足留守儿童教育基础设施建设、优先改善留守儿童营养状况、优先保障留守儿童交通需要。2016 年国务院印发《国务院关于加强农村留守儿童关爱保护工作的意见》，明确提出要完善留守儿童关爱服务体系，健全农村留守儿童救助保护机制，从源头上逐步减少儿童留守现象等。党的十九大报告明确提出要健全留守儿童和妇女、老年人的关爱服务体系。随着 2020 年农村脱贫攻坚工程的基本完成，我国减贫事业取得了举世瞩目的成就。在农村减贫工作中，农村留守儿童的帮扶备受教育界关注。因此，关注留守儿童身心发展，加强留守儿童关爱保护工作，为留守儿童心理行为问题进行疏导和干预，是一项重要而紧迫的任务。

二、留守儿童概念界定

1994 年，一张与上官木子率先提出留守儿童概念，但留守儿童这一群体直到 2002 年以后才受到大众的广泛关注。最初，留守儿童特指"父母出国的留守儿童"。随着农民工子女问题日益凸显，留守儿童的含义逐渐演变成"留在农村上学的农民工的孩子"。尽管留守儿童的相关报道和研究层出不穷，但目前关于留守儿童的概念界定仍未统一。在以往研究中，留守儿童曾被称为"留守子女""留守学生""留守孩子""空巢儿童"等。尽管称谓不同，但社会各界对于"留守儿童"这一概念的本质内涵理解一致，即留守儿童是指父母双方或一方流动到其他地区，孩子留在户籍所在地并因此不能和父母双方共同生活在一起的儿童[1]。但是，不同的学者在具体的界定标准上也存在着许多分歧，主要围绕以下几个方面展开讨论。

1. 父母外出

绝大部分学者认为，父母一方或双方在外工作，由亲戚、朋友、祖辈等人抚养的孩子可以划分为留守一类，但也有学者认为父母一方在外工作的儿童不属于留守儿童。

2. 父母外出时间

许多研究在留守儿童的概念界定上未将父母外出时间纳入其中，但也有研究对留守儿童父母一年中累计外出时间做出了限定，如父母一方或双方一年外出 6 个月以上，或者父母一方或双方一年外出 4 个月以上才能划入留守范畴，多数研究将半年作为留守儿童的划分标准。

3. 儿童年龄

关于留守儿童的年龄范围，不同研究者也有不同看法，有的研究者认为留守儿童是指处于义务教育阶段的儿童（6～16 岁），也有人将留守儿童框定为 18 岁以下、16 岁以下或 14 岁以下的儿童。

4. 儿童生活地点

现有研究对留守儿童的概念界定中多以"留在家乡"或"留在户籍所在地"来限定。

目前相对权威的留守儿童概念界定由国务院提出：留守儿童是指父母双方外出务工或一方外出务工另一方无监护能力、不满十六周岁的未成年人[2]。这一概念明确了留守儿童的年龄及父母外出类型，但并未限定留守儿童父母的外出时长及儿童生活地点。此外，其他研究和学者对于留守儿童的界定也存在许多不明确的地方，如留守儿童父母外出时长，是指父母连续外出达到的时长还是指父母一年中累计外出的时长？同理，留守儿童的留守时长是指累计留守时长还是指连续留守时长？曾有留守经历的儿童算不算留守儿童？有的学者认为留守是一种状态而非固定属性，当儿童与父母相见时，"留守"的属性就消失了，因此不论是父母外出时间还是儿童留守时间都难以界定。其次，留守儿童这一群体单指低收入家庭还是包括高收入家庭？许多研究已简单地将留守儿童与农村留守儿童画上等号，城镇留守儿童、移民留守儿童则被忽视。在缺乏操作性定义的情况下，现有研究对留守儿童规模估计差异巨大，同时研究的信度和效度也值得怀疑。

三、留守儿童基本状况

1. 规模估算

除了中国以外，亚洲地区留守儿童数量最多的地方是菲律宾。2018 年人口普查的数据表明菲律宾约有 800 万留守儿童。有的研究者保守估计，由于父母在海外工作，菲律宾现存 300 万～600 万留守儿童，还有研究者估计菲律宾留守儿童约 900 万，约占青少年总人口 27%。非洲迁移率很高，南非有 25%的家庭都是迁移人口。坦桑尼亚一半以上的农村家庭中有一名成员是移民。近年来，东欧移民现象普遍，如摩尔多瓦有 31%的儿童（0～14 岁）父母一方或双方在异国他乡务工。数据表明，在东欧、非洲、拉丁美洲多地海外迁移的留守儿童数量都在不断增加，亲子分离状况在不发达的地区或农村地区更为普遍，但目前留守儿童全球数量尚未可知。

由于统计方法、操作方式、年龄划分标准和概念界定的不同，我国留守儿童的规模估算也会有所不同。不少研究是在部分区域开展的小范围典型调查，因此不具备样本推算的能力，即便存在少部分的抽样调查，从严格意义上来说也不能称之为抽样调查，其调查的结果可信度存疑。还有大量的调查仅针对农村留守儿童，并未将城镇留守儿童纳入统计范畴，因此，全国留守儿童规模估算相对科学的数据较少。其中段成荣等依据 2000 年第五次全国人口普查、2005 年全国 1%人口抽样调查、2010 年第六次全国人口普查、2015 年全国 1%人口抽样调查数据对留守儿童进行的规模估算数据可信度较高，并且其推算出的数据与全国妇联推算出数据结果极为接近，因此受到学界普遍认可。

段成荣等[3]的研究将留守儿童的年龄界定在 0～17 岁，其研究结果表明：依据第五次全国人口普查数据，2000 年我国 0～17 岁的留守儿童人数约为 2904.3 万人，其中农村留守儿童 2699.2 万人；依据 2005 年全国 1%人口抽样调查推算，2005 年全国 0～17 岁的留守儿童人数为 7326 万人，占全国儿童总人数 25.7%，其中农村留守儿童 5861 万人，占留守儿童人数 80%；依据 2010 年第六次全国人口普查推算，全国 0～17 岁留守儿童规模为 6972.75 万，约占全国儿童总数的 25%，其中农村留守儿童人数为 6102.6 万人，占留守儿童人数 87.52%。而根据 2015 年全国 1%人口抽样调查数据推算，我国 0～17 岁留守儿童人口数量达到 6876.6 万人，约占全国儿童总数的 25.39%，其中农村留守儿童数量为 4051 万人，占留守儿童人数 58.9%。2000～2015 年，我国 0～17 岁的留守儿童总人数从 2904.3 万增加到 6876.6 万，增加了将近 4000 万人，增幅为 136%。2000～2005 年全国留守儿童数量持续上增，绝对规模增长了 4421.7 万人，增幅为 152%；2005～2010 年全国留守儿童规模开始减少，共减少 353.2 万人，但其中农村留守儿童人数却在保持上涨，共增加 241.6 万人，增幅为 4.12%；2010～2015 年留守儿童总人数持续下降，减少 96.2 万人，同时，农村留守儿童总人数也开始呈现下降趋势，5 年间共减 2051.6 万人，见图 1.1。

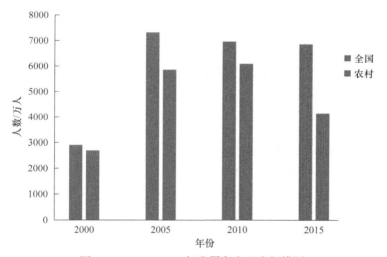

图 1.1　2000～2015 年我国留守儿童规模图

2008 年，全国妇联根据 2005 年全国 1%人口抽样调查数据推算出全国农村留守儿童（17 岁以下）共有 5800 万[4]。2012 年，全国妇联、中国人民大学根据第六次全国人口普查推算出的统计数据表明，全国农村留守儿童（17 岁以下）有 6102.55 万人，占农村儿童的 37.3%，占全国儿童的 21.88%。并且，全国农村留守儿童数量在 2005～2010 年间增加近 242 万，农村留守儿童数量有急剧增长的趋势[5]。这与段成荣等的研究结果相似。

目前，各类报道均表明留守儿童总数正呈逐年下降趋势，《中国儿童福利与保护政策报告 2019》显示，截至 2018 年 8 月底，全国共有农村留守儿童 697 万人，较 2016 年减少约 205 万人。

从 2000～2015 年留守儿童规模的变化情况和流动人口的发展趋势来看，人口流动还会更加频繁，流动家庭化的趋势也越来越清晰，农村留守儿童的规模继续增加的可能性不大。从《关于加强农村留守儿童关爱保护工作的意见》中也可以看出，减少甚至消除留守儿童这一群体也是政策的目标所在。当前我国城镇化进程加速，随着流入地未来对于流动人口的公共服务、保障和福利的逐步提升，对其随迁子女教育、随迁家属权益保障相关政策的有序推进，会有越来越多的孩子可以和父母一起在城市生活；流出地政府依托返乡创业等优惠政策的落实，也会使得一些具备条件的外出流动父母返乡就业，使他们的子女不再留守。显然，无论哪种情况都将促使农村留守儿童规模在未来继续呈下降趋势。

综上所述，留守儿童总体规模庞大。2000～2005 年，留守儿童总数激增，但在 2005 年以后，留守儿童数量逐步减少；2000～2010 年农村留守儿童数量持续上涨，2010 年后，随着新城镇化建设、乡村振兴等政策推进实施，农村留守儿童数量也在不断减少，但由于城市间的人口流动更加频繁，城镇留守儿童在留守儿童中的份额比例将不断增大。《中国农村教育发展报告 2020—2022》表明，2021 年中国有义务教育阶段农村留守儿童 1199.20 万人，其中小学 777.93 万人，初中421.27 万人，占义务教育在校生总数的 7.59%。与 2012 年相比减少 1071.87 万人，减幅达 47.20%。虽然留守儿童数量逐渐减少，但仍然是相当大的数据，这些人的教育仍将极大地影响中国的未来。

2. 结构与性别比

2012 年全国妇联调查结果表明，在所有农村留守儿童中，0～5 岁学龄前阶段占 38.37%，6～11 岁小学阶段占 32.01%，12～14 岁初中阶段占 16.30%，15～17岁大龄阶段占 13.32%。其中，处于义务教育阶段的农村留守儿童和大龄农村留守儿童数量不断减少，但学龄前农村留守儿童（0～5 岁）规模增长变快，留守儿童年龄呈现出急剧偏小化趋势。段成荣等的研究也表明了这一点。如表 1.1 所示，学龄前农村留守儿童规模仅在 2000～2005 年有小幅度下降，2005 年以后一直呈上升趋势，截至 2015 年，我国学龄前农村留守儿童比例已超过四成，在各年龄阶段所占比例最大，0～11 岁留守儿童比例超过七成。2018 年中华人民共和国民政部颁布的留守儿童数据也表明，约九成留守儿童年龄在 14 岁以下[6]。因此我国农村留守儿童的年龄结构有低龄化的趋势，学龄前留守儿童的生活和教育问题需要引起社会更多关注[3]。

表 1.1   2000～2015 年我国农村留守儿童年龄段分布   （单位：%）

年份	年龄				合计
	0～5 岁	6～11 岁	12～14 岁	15～17 岁	
2000	30	40.58	19.44	9.98	100
2005	27.05	34.85	20.84	17.27	100

年份	年龄				合计
	0～5 岁	6～11 岁	12～14 岁	15～17 岁	
2010	38.37	32.01	16.30	13.32	100
2015	40.34	33.47	13.75	12.44	100

数据来源：段成荣等基于2000、2010年全国人口普查以及2005、2015年全国1%人口抽样调查结果推算。

　　2012 年全国妇联的调查结果表明，如表 1.2 所示，0～17 岁农村留守儿童中，男孩占比 54.08%，女孩占比 45.92%，性别比为 117.77，2018 年民政部公布的数据与 2012 年全国妇联的调查结果相比变动极小，0～16 岁农村留守儿童中，男孩占比 54.5%，女孩占比 45.5%，性别比为 129.9，总体来说性别比差别不大。流动儿童性别比与全国儿童、农村儿童和农村留守儿童性别比基本无差异。从年龄阶段来看，学龄前和义务教育阶段，流动儿童中男孩比例始终高于农村留守儿童男孩比例。这表明在基础教育阶段，家长偏好于将男孩带入城中接受更好的教育而将女孩留在家中，而在基础教育阶段后，家长却会选择让女孩早早外出打工，从而缩小女性上升空间[5]。

表 1.2　农村留守儿童性别年龄构成

年龄	农村留守儿童性别年龄构成				流动儿童性别比	农村非留守儿童性别比
	男性年龄构成/%	女性年龄构成/%	男女合计构成/%	性别比		
0～5 岁	20.97	17.39	38.37	120.59	121.97	120.11
6～11 岁	17.37	14.65	32.01	118.57	125.07	119.06
12～14 岁	8.71	7.61	16.30	114.45	120.89	115.69
15～17 岁	7.04	6.30	13.32	111.75	103.26	111.46
合计	54.08	45.92	100.00	117.77	116.39	117.25

数据来源：段成荣等基于2010年第六次全国人口普查数据推算（下同）。

*由于数值经过了四舍五入处理，所以表中各项的和可能与所列总和数值不一致。下同。

3. 区域分布

　　国外留守儿童研究主体主要是跨国移民导致的留守儿童，主要分布在发展中国家，如亚洲地区的菲律宾、泰国、印度尼西亚、孟加拉国、斯里兰卡等国，东欧地区的罗马尼亚、摩尔多瓦等国，留守儿童的地域分布与经济发展水平相关。我国留守儿童产生的主要原因是区域发展不平衡，这导致农村留守儿童的分布也带有区域性特征。

2016 年，全国农村留守儿童摸底排查工作的数据表明，从地区分布来看，东部省份农村留守儿童 87 万人，占全国总数的 9.65%；中部省份农村留守儿童 463 万人，占全国总数的 51.33%；西部省份 352 万人，占全国总数的 39.02%，九成以上农村留守儿童在中西部地区，其中中部地区留守儿童人数占比最高；从省份来看，农村留守儿童高度集中在中西部劳务输出大省，如江西、四川、贵州、安徽、河南、湖南和湖北等省的农村留守儿童数量都在 70 万人以上[7]。2018 年民政部公布的数据与此差异不大，以上省份农村留守儿童数量仍然排在前七位，仅相互间排名有所变化，如表 1.3 所示。不论是从范围还是从省份来看，留守儿童的分布不完全与当地的经济发展状况保持一致，这也有可能与区域流动人口相关[5]。

表 1.3　2018 年全国农村留守儿童地区分布（前七名）

省份	农村留守儿童规模/万人	占全国农村留守儿童/%
四川	76.5	11
安徽	73.6	10.6
湖南	70	10.1
河南	69.9	10.1
江西	69.1	9.9
湖北	69	9.9
贵州	56.3	8.1

4. 类型分布

家庭结构的不完整，其他监护人与父母在生活习惯、文化水平、性格特征、教育观念等方面存在差异，这些因素可能影响留守儿童的个性形成。国外留守儿童监护类型大致可以分为三种：一是私人亲属抚养，即由家人抚养留守儿童，社会机构不参与；二是亲属抚养，即社会服务机构安排抚养亲属，法院要监督亲属监护情况；三是志愿亲属抚养，指由社会服务机构安排抚养亲属，法院不监督亲属监护情况[8]。以上监护类型均有自身特点和缺陷。在许多留守儿童家庭中，父母通常选择将孩子托付给祖辈抚养。但在发展中国家，大部分留守儿童的家庭收入来源主要靠外出工作的父母，祖父母收入来源有限，他们也几乎完全依赖于子女，加上社会经济援助有限，隔代抚养很有可能加重祖辈的经济负担，儿童的健康也无法得到保障。此外，有研究指出，祖父母自身的健康状况也会影响到对儿童的照顾。还有研究表明，亲属抚养的留守儿童安全状况十分令人担忧——代际之间存在儿童虐待、忽视、滥用药物等情况[9]。

国内学者根据现有研究，将留守儿童的监护类型分为单亲监护、上代监护、祖辈监护、自我监护四类[10]，如表 1.4 所示。上代监护的留守儿童监护人往往更加关注儿童物质需求，从而忽视儿童心理健康；祖辈监护的留守儿童最为常见，隔代抚养长辈容易溺爱儿童，缺乏对儿童精神道德上的引导和约束，易导致儿童任性放纵；自我监护类型的留守儿童父母尽量在金钱上满足儿童，易造成儿童奢侈浪费。

表 1.4　留守儿童监护类型

监护类型	监护人	留守儿童类型
单亲监护	父母一方外出工作，另一方抚养孩子	单留守儿童
上代监护	父母双方外出工作，由亲戚、老师、邻居等成年人照看儿童	双留守儿童
祖辈监护	父母双方外出工作，由祖父母或外祖父母监护儿童	
自我监护	父母双方外出工作，儿童单独生活，无监护人	

值得注意的是，现有研究几乎将留守儿童与农村留守儿童画上等号，许多研究没有将城镇留守儿童与农村留守儿童进行区分，学者们对城镇留守儿童的关注甚少。此外，我国还存在大量父母出国的儿童，这些儿童多分布各大中城市和重点侨乡。2014 年海外华侨华人群体研究蓝皮书表明除去短期出国人员，我国华人华侨人数接近 5000 万。浙江省归国华侨联合会数据显示，截至 2020 年，浙江籍华侨华人、港澳台同胞达 205 万人，居住在省内的归侨及侨眷达 120 万人。福建省父母出国的海外留守儿童约 30 万。随着社会转型和城市的快速发展，父母单方或双方流动到其他城镇或海外工作、进修等情况逐渐增加，但对于城市留守儿童、侨乡留守儿童的研究并不多见。

四、留守儿童的问题行为

1. 外化问题行为

外化问题行为指个体外在的反社会性行为问题。目前留守儿童的外化问题行为集中在吸烟、欺凌、辍学等问题上。

吸烟行为。相关研究表明，双留守儿童与单留守儿童及非留守儿童相比较，双留守儿童更容易产生吸烟行为及吸烟成瘾[11]。李光友等研究发现，与非留守儿童相比，母亲迁移与该类单留守儿童吸烟率呈正相关，父亲迁移则与该类单留守儿童吸烟率呈负相关[12]。也有研究发现，单留守儿童与非留守儿童在吸烟行上差异未达到显著性水平，但在性别上，男童总体吸烟率显著高于女童[13]。

欺凌行为。留守儿童中最为常见的欺凌方式有言语欺凌、身体欺凌、关系欺凌[14]。和非留守儿童对比发现，单留守儿童面临着更多的校园欺凌行为[15]。此外，还有研究表明留守女童在关系欺凌上更易成为受害者，而男童主要面临的欺凌包括言语欺凌和身体欺凌[16]。总之，目前研究总体表明，留守儿童较非留守儿童更易出现实施欺凌行为或受欺凌现象。

辍学行为。受"读书无用论""重男轻女"思想的影响及投入回报率、办学条件、生活环境等现实因素制约，农村留守儿童辍学率显著高于农村儿童辍学率，经济不发达地区的辍学儿童中女童比例高于男童，而在经济相对发达的农村地区留守男童的辍学比例高于女童。丁克贤的调查发现，随着我国义务教育的不断推行，部分地区农村留守儿童的辍学率没有因此下降，反而出现了反弹。有研究发现，母亲外出工作的单留守儿童相较于父亲外出的单留守儿童和非留守儿童辍学率较高，但随着儿童年龄上增，父母迁移对留守儿童的辍学行为产生不同影响。在初中阶段，母亲外出工作对留守儿童辍学行为产生显著影响且呈正相关，而在高中阶段这种影响则不显著，但不论在初中还是高中阶段，父亲外出工作都会对留守儿童辍学行为产生显著影响[17]。

其他行为。由于缺乏父母管教、父母榜样示范和学校及时引导、约束，部分农村留守儿童的品行产生消极变化，出现学习目的异化、上学迟到、逃课、说谎、打架违纪等问题行为。有研究发现，农村地区留守儿童的多动行为显著高于非留守儿童，留守男童多动行为检测率高于留守女童，且年龄越小，多动行为检测率越高。

2. 内化问题行为

内化问题行为是指个体经历的某些负面情绪的问题行为。目前留守儿童的内化问题行为主要集中在焦虑、孤独、抑郁等内化问题行为上。

焦虑问题。焦虑是指个体对自身或他人过度担忧而产生的烦躁情绪，它包含紧张、思念、烦恼、不安等情绪。由于亲子关系的缺失，特别是母爱的缺失，导致留守儿童在面临各种社会关系时产生更高水平的焦虑，这导致留守儿童很难与他人形成满意和稳定的关系，对其性格的发展和日后的幸福产生巨大影响[18]。不同类型的留守儿童产生焦虑的程度也不尽相同。有些研究的调查结果显示，双留守儿童比单留守儿童的焦虑水平更高[19]。也有研究指出，祖辈监护的留守儿童比单留守儿童更易产生焦虑，但对于母亲外出的单留守儿童来说，越是抵触母亲迁移，亲子关系越容易出现创伤，从而产生焦虑[20]。追踪研究发现，父亲外出工作的单留守儿童的焦虑问题风险高低受在校师生、同伴之间情感支持度及母亲的心理控制调节。总之，大多数双留守儿童由于缺乏父母关爱，自身情感需求未被满足，比单留守儿童和非留守儿童更易产生焦虑问题。从焦虑的内容来说，有研究表明农村留守儿童心理焦虑内容中排在前三位的分别是学习焦虑、身体症状和自责倾向。

孤独问题。孤独是个体处于某种封闭、陌生或特殊情境中产生的不愉快、孤单、寂寞的情感。它是实际交往水平与交往渴望之间的差距所引起的一种主观的心理体验。留守儿童相对于非留守儿童来说有较高的孤独水平，并且双留守儿童会比单留守儿童经历更高水平的孤独[21]。高孤独感的留守儿童往往也是高自尊的留守儿童。此外，母亲外出的单留守及双留守儿童比父亲外出的单留守儿童孤独风险度更高[22]。然而，由于父亲对儿童的照顾不周，不少父亲留在家中的单留守儿童也经历着更高水平的孤独感，但这一群体往往被忽视[23]。还有研究表明，由于隔代抚养中长辈易存在忽视儿童情感或溺爱这两种极端情况，祖辈监护的留守儿童比非留守儿童孤独风险更高[24]。其他研究表明，父亲外出的单留守儿童与非留守儿童在孤独感方面的差异无统计学意义，可能是因为父亲外出工作能够给儿童提供更好的生活保障，同时母亲在家中又能照顾儿童身心健康。总而言之，父亲外出工作而母亲在家照看儿童的模式也许能够相对降低留守儿童的孤独感[25]。

抑郁问题。抑郁是指个体长时间的情绪消沉，易产生悲观、自卑等情绪。有研究表明留守儿童的抑郁水平高于非留守儿童，男生的抑郁风险高于女生[26]。由祖辈监护的双留守儿童比单留守儿童抑郁水平更高。同时，上代监护或自我监护的双留守儿童比单留守儿童或祖辈监护的双留守儿童更易产生抑郁等内化问题行为，并且儿童与父母分离的时间越长，留守儿童的抑郁风险越高[27]。此外，不同类型的单留守儿童抑郁发生率也有显著差异，母亲外出的单留守儿童抑郁问题发生率显著高于父亲外出的单留守儿童，且该差异在儿童与父母分离的早期阶段更为凸显[15]。此外，非留守儿童比双留守儿童的心理韧性要高[28]，而心理韧性通常与抑郁相关。总之，留守儿童与非留守儿童相比具有更高的抑郁风险，而双留守儿童与单留守儿童相比具有更高的抑郁风险，并且父亲外出的单留守儿童抑郁风险显著低于双留守儿童及母亲外出的单留守儿童。

退缩行为。社会退缩是指儿童在任何情况下都选择独自玩耍、消磨时光，回避交际的行为。研究表明，个体在成长后表现出来的一系列问题行为（如焦虑、孤独、抑郁、低自尊、社交困难、学业困难等）都与个体早期的社会退缩行为相关。因此学前期是儿童退缩行为发展和干预的关键期。留守学前儿童社会退缩率显著高于非留守学前儿童。由于留守儿童与父母的疏离，父母角色缺失再加上亲子依恋发展不佳，留守儿童容易缺乏安全感，因而创造积极关系能力差，从而畏惧与他人交往，出现社交退缩。

其他内化问题。上代监护或自我监护的双留守儿童与单留守儿童及祖辈监护的双留守儿童相比更容易产生低自尊等内化问题。部分农村留守儿童容易产生自卑心理，性格比较易怒、偏激、内向和孤僻，从而产生人际交往障碍。研究发现男女生在自责倾向上差异十分显著，单留守儿童比双留守儿童的生活满意度更高，但单留守儿童和非留守儿童在学习满意度上无显著差异。也有研究发现，非留守儿童和单留守儿童之间的内化问题及发展没有显著差异。总而言之，可能只有母亲长期无法与儿童见面才会对儿童产生有害的影响。值得引起注意的是，良好的同伴关系可以有效缓解双留守儿童的抑郁、焦虑、孤独等情绪。此外，自尊也是调节留守儿童内化问题的重要因素[29]。

总而言之，父母无法陪伴在儿童身边必然会造成儿童不同程度的孤独、抑郁、焦虑等内化问题，并且年龄越小，留守儿童内化问题发生率越高，而且留守女童内化问题发生率显著高于男童。值得注意的是，也有研究表明留守儿童与一般儿童相比较，在绝大部分问题行为发生率上无明显差异，这说明，留守儿童不一定就是问题儿童。因此要积极寻找留守儿童问题行为有效干预模式，降低对其不利影响，同时要避免夸大留守儿童问题行为，警惕留守儿童"问题化"。

第二节　留守儿童政策支持

在许多发达国家，留守儿童问题并不突出，这些国家主要通过儿童保护体系来保障留守儿童权益。但在我国，由于城乡二元结构的影响，加之经济条件、城乡体制和户籍制度的限制，留守儿童群体数量庞大。因此，这一群体备受我国社会各界的关注。近年来，随着留守儿童遭受非法侵害、意外伤害、虐待等恶性事件频发，留守儿童问题逐渐从家务事转变为国家事，各国政府出台了一系列政策关爱和保护留守儿童群体。以下主要介绍有关留守儿童的国内外政策支持。

一、国外政策

国外政府主要通过法律法规来援助留守儿童，如提供住房、入学政策、财政资助、健康服务、家庭抚养支持计划、信息公告计划、抚养人支持小组、被抚养儿童治疗小组等。许多国家没有专门来定义留守儿童，而是通过整个儿童保护体系来保障留守儿童权益。

美国没有户籍制度，孩子可以随着父母自由迁徙，并且美国政府会通过全自动服务、驾照管理制度及社会保障卡制度来保障迁徙公民不论走到哪里都可以平等拥有当地的政治权利和义务，还能平等地享受社会福利，这从源头上减少了留守儿童的数量。在安全保护方面，美国法律规定，处于 12 岁以下的儿童必须 24 小时被直接监护，否则监护人就有可能犯"忽视儿童罪"，并且其他公民也有监督他人的义务，如未履行义务，则有连带责任。1875 年美国成立了"纽约阻止虐待儿童协会"，1912 年美国政府又成立了"美国儿童局"，这些机构专门保障儿童的权益。1974 年美国颁布了《儿童虐待预防和处理法案》，该法案规定由联邦政府拨款帮助各州更好地解决儿童人身保护问题，并明确了一系列关于儿童虐待问题的细则。2006 年美国政府又颁布了《亚当·沃尔什儿童保护与安全法案》，创造了全国范围内的性犯罪登记系统。在教育方面，1965 年美国政府推行了"启蒙计划"，为 5 岁以下经济贫困家庭的儿童在教育、营养服务和医疗等各方面提供资金资助，保障教育公平。此外，美国所有公立的中小学都提供免费教育，不论公民在本社区是否拥有房产，孩子都可以进入该社区的学校享受免费教育。

英国是世界上公认的儿童福利保障最为完善的国家，早在 1918 年英国国会就通过了《妇女及儿童福利法案》。多年来，英国有关儿童福利的立法一直在不断完善，这些法案都十分强调"儿童福利至上"，对儿童各项权利的保护做出了极其细致的规定。在英国，那些不能为孩子提供良好生存环境，不履行监督义务的家庭，政府会通过"监督权转移"的方式来剥夺父母的监护权，将儿童转移到更加安全可靠的环境或家庭，并且对儿童未来的生活状况开展系统性追踪，还会对原父母进行一定干预和评估，只有评估合格的父母才能再次将孩子带回身边，美国也有相似规定。

此外，芬兰颁布了《儿童福利法》，该法明确规定了儿童的权益及政府对儿童的职责。抚养者及社会工作者在实际操作过程中有明确可以依据的法律和细则，从而找到具体的"埋单人"。澳大利亚建立了儿童独立代表人制度，该制度规定了父母大量义务，给了孩子充分的权利保护。加拿大各省都有儿童保护法，另外，加拿大非官方社团还开办了儿童健康记录卡，该卡将儿童的家族病史、受伤情况、接种疫苗、过敏情况等都记录在案，将儿童身体状况可视化。

二、国内政策

21 世纪以来，大量留守儿童及其客观发展需求刚性出现，党和国家高度重视留守儿童问题，多次作出重要指示，陆续出台了一系列加强留守儿童关爱、维权、保护与教育的政策措施。

1. 中央政策法规

2004 年 5 月，教育部基础教育司召开"中国农村留守儿童问题研究"研讨会，标志着留守儿童问题正式纳入政府工作议程。研讨会后，我国留守儿童相关报道和研究开始升温。

1）有关留守儿童基本权利的政策意见

2006 年 1 月，国务院颁发了《国务院关于解决农民工问题的若干意见》，该政策充分肯定农民工的社会贡献，提出了多项维护农民工的基本权益，保障外出务工人员子女平等接受义务教育等措施，并对流出地政府妥善解决留守儿童受教育问题予以规定，指出"输出地政府要解决好农民工托留在农村子女的教育问题"。为回应上述意见，卫生部（现国家卫生健康委员会）要求将农民工子女预防接种工作纳入当地免疫规划，教育部则提出要满足包括"留守儿童"在内的广大农民工子女寄宿需求，建立农村留守儿童教育和监护体系。

2）关爱保护留守儿童的政策

2007 年 5 月，全国妇联、教育部、民政部等七部门联合发布《关于指导推进家庭教育的五年规划（2011—2015 年）》。该政策关注到了留守儿童的家庭教育，通过多种渠道和形式向留守儿童家长及监护人宣传他们的义务和责任，普及科学的教育观念、知识和方法，促使广大家长及其子女的素质能力得到全面提高，并且推进有关家庭教育法律法规的完善，使家庭教育工作走上科学化、社会化、法制化轨道。

同年，教育部联合全国妇联等部门联合开展"共享蓝天"全国关爱农村留守流动儿童大行动，通过实施"共享蓝天"支持行动、维权行动、关爱行动、宣传行动，切实推进农村留守流动儿童问题有效解决。

2007 年 7 月，中共中央组织部、全国妇联、教育部等七部门颁发《关于贯彻落实中央指示精神 积极开展关爱农村留守流动儿童工作的通知》，提出充分认识做好农村留守流动儿童工作的重要性；认真做好农村留守流动儿童的教育管理工作；着力加强农村留守流动儿童的户籍管理与权益保护；积极完善农村留守流动儿童救助保障机制；逐步推进农村留守流动儿童医疗保健服务；不断加大对农村留守流动儿童的关爱支持力度；努力形成推进农村留守流动儿童工作的整体合力；切实加强党对做好农村留守流动儿童工作的领导。该文件还提出几项关爱留守儿童的具体倾斜和帮扶措施。例如，要结合"农村寄宿制学校建设工程"和"中西部农村初中改造工程"的实施，加强寄宿制学校建设，优先满足留守儿童的寄宿学习需求，并努力为他们提供良好的学习、生活和监护条件；要广泛动员社会各界，积极开展"代理妈妈""手拉手关爱留守儿童""留守小队"等关爱活动，加快"爱心之家""留守儿童托管中心"建设，推动构建留守儿童教育监护网络，逐步建立关爱留守流动儿童的长效机制等。

2013 年 1 月教育部等五部门联合下发《关于加强义务教育阶段农村留守儿童关爱和教育工作的意见》。该意见主要分为两大部分，一是切实改善留守儿童教育条件，首先要优先满足留守儿童教育基础设施建设，其次要优先改善留守儿童营养状况，最后要优先保障留守儿童交通需求；二是不断提高留守儿童受教育水平，首先要加强留守儿童受教育全程管理，其次要加强留守儿童心理健康教育，然后要加强留守儿童法制安全教育，最后要加强家校联动组织工作。

2016 年 2 月，国务院印发《关于加强农村留守儿童关爱保护工作的意见》。该文件提出了建立完善政府、家庭、社会、学校齐抓共管的农村留守儿童关爱服务体系，明确了各组织各团体各部门的责任，还提倡积极引导社会资金投入。

2019 年 5 月，民政部、教育部等部门联合颁布《关于进一步健全农村留守儿童和困境儿童关爱服务体系的意见》。该意见指出要提升未成年人救助保护机构和儿童福利机构服务能力；加强基层儿童工作队伍建设；鼓励和引导社会力量广泛参与；强化工作保障，明确了未成年人救助保护机构、儿童督导员、儿童主任工作职责。

3）留守儿童写入人口规划与儿童发展纲要的政策

2011 年，国务院印发《中国儿童发展纲要（2011—2020 年）》，强调提高留守儿童家长的责任和监护意识，加强留守儿童情感、心理和行为的指导，完善留守儿童服务机制。

2014 年，国务院印发《国家贫困地区儿童发展规划（2014—2020 年）》，强调要优先满足留守儿童生活、就学、安全的需要。

2016 年 9 月，国务院发布了《国家人权行动计划（2016—2020 年）》，强调关爱困境儿童，加大留守儿童关爱保护力度，健全困境儿童保护机制。

2018 年印发的《乡村振兴战略规划（2018—2022 年）》中，明确指出应加强农村社会保障体系的建设，为农村留守儿童及其他困境儿童提供关爱服务。

2021 年国务院印发《中国儿童发展纲要（2021—2030 年）》，强调留守儿童的健康管理、受教育权利及福利。

4）留守儿童写入中央决定的政策

2013 年 11 月，《中共中央关于全面深化改革若干问题的决定》首次将"健全农村儿童关爱服务体系"写入其中，留守儿童的权利得到了法律和政策的保障，标志着国家高度重视留守儿童问题。

此外，2014 年中共中央、国务院印发《关于全面深化改革加快推进农业现代化的若干意见》，2015 年中共中央办公厅、国务院办公厅印发《深化农村改革综合性实施方案》及十九大报告均提到要加强农村留守儿童关爱和服务体系。

2016 年 3 月《中华人民共和国国民经济和社会发展第十三个五年规划纲要》提出社会关爱行动计划——关爱儿童健康发展，为农村留守儿童提供特殊的关爱，"儿童之家"覆盖 90%以上城乡社区等。

2019 年中共中央在《中国共产党农村基层组织工作条例》中，再次强调党的农村基层组织应当保障和改善民生，努力解决群众最关心、最直接、最现实的利益问题，加强对留守儿童和妇女等人群的关爱服务。

2. 专题政策法规

1）留守儿童教育相关政策

留守儿童有关教育的政策主要内容有两大部分，一是完善学校的寄宿条件，二是"两免一补"的政策资助（免书本费和学杂费，补寄宿费），比较有代表性和特色的政策如下。

2010 年 7 月《国家中长期教育改革和发展规划纲要（2011—2020）》提出要建立健全政府主导、社会参与的农村留守儿童关爱服务体系和动态监测机制，加快农村寄宿制学校建设，优先满足留守儿童住宿需求。

2010 年 11 月《国务院关于当前发展学前教育的若干意见》要求着力保障留守儿童入园。

2012 年 11 月，教育部、财政部联合启动实施了"教学点数字教育资源全覆盖"项目，要求学校要具备网络接入条件还要配备摄像头，利用网络建立亲子热线，满足教学点留守儿童与外出父母交流的需要。

2017 年 2 月《教育部办公厅关于做好中小学课后服务工作的指导意见》要求

课后服务要优先保障留守儿童和流动儿童。

2021 年 11 月,《教育部办公厅关于开展县域义务教育优质均衡创建工作的通知》在加强学生教育关爱方面提出,制定加强随迁子女、留守儿童、残疾儿童等特殊学生群体教育关爱的制度措施。

2）留守儿童营养与卫生相关政策

有关留守儿童营养与卫生的政策措施主要针对的是贫困地区和留守儿童集中的区域,主要措施有为学校弱势儿童提供免费营养午餐、为留守儿童开展心理辅导等。2016 年《国家卫生计生委关于做好农村留守儿童健康关爱工作的通知》强调要加强农村留守儿童保健服务和疾病防治;做好农村留守儿童强制报告、医疗救治、评估帮扶等工作;强化农村留守儿童健康教育工作;提升农村留守儿童家庭发展能力;加强农村留守儿童信息采集和健康状况监测评估。

3）留守儿童安全保护相关政策

我国目前没有专门针对留守儿童安全保护的政策法规,与留守儿童安全保护相关的政策试图搭建学校、家庭、社会、司法四位一体的保护网络,重点关注留守儿童食品安全、反拐卖、防性侵、防溺水、交通安全、防止校园欺凌与暴力、校舍环境安全等方面,如 2014 年教育部颁布的《义务教育学校管理标准（试行）》对学校安全做出了系统规定。

4）留守儿童相关的扶贫政策

2015 年 11 月,《中共中央 国务院关于打赢脱贫攻坚战的决定》表明要对农村"三留守"人员进行全面摸底排查,建立全面、动态更新的信息管理系统,建立家庭、学校、基层组织、政府和社会力量相衔接的留守儿童关爱服务网络。

2016 年 11 月,《国务院关于印发"十三五"脱贫攻坚规划的通知》为留守儿童提供了志愿者服务行动,加强对"三留守"人员的生产扶持、生活救助和心理辅导。为响应号召,教育部等部门印发的《教育脱贫攻坚"十三五"规划》强调大力发展学前教育,重点保障留守儿童;建立建档立卡等贫困家庭留守儿童台账;加强农村寄宿制学校建设,提高农村留守儿童入住率;支持和指导中小学对农村留守儿童受教育情况实施全过程管理等。

2021 年 5 月,教育部等四部门印发《中共中央 国务院关于实现巩固拓展脱贫攻坚成果同乡村振兴有效衔接的意见》,进一步提出加强完善农村儿童教育关爱工作。

5）留守儿童相关的社会组织发展政策

2012 年 9 月,国家印发的《边远贫困地区、边疆民族地区和革命老区人才支持计划科技人员专项计划实施方案》规定,要培养当地社工专才和引进外来社工人才为"三区"提供服务,服务对象包括留守儿童,并且该方案明确了社工专才的资金保障。

2017 年 7 月,民政部、教育部等部门颁布了《关于在农村留守儿童关爱保护中发挥社会工作专业人才作用的指导意见》，明确了社工人员在留守儿童关爱保护中的主要任务：一是协助做好救助保护工作；二是配合开展家庭教育指导；三是积极开展社会关爱服务。

3. 地方政策支持

中央颁布政策规定后，地方政府会自上而下地响应号召，各省市会在国家文件的基础上做出细化和补充，因此各地的地方政策也各具特色。除此之外，各地还有自下而上的探索和实践。

2010 年 9 月，重庆市委办公厅、市政府办公厅印发《关爱农村留守儿童行动计划》，计划在全市实施关爱留守儿童的"六大行动计划"，分别是农村寄宿制学校建设计划、农村幼儿园建设计划、农村留守儿童培养模式创新计划、农村留守儿童社会共育计划、农村留守儿童营养健康促进计划、农村留守儿童权益保障计划，具体措施包括建立"4+1"培养教育模式、建立"留守儿童之家"、允许农村留守儿童"投亲靠友"就近入学、建立"亲情电话""视频聊天室"、提供"爱心午餐"、实施"蛋奶工程"、开通"12338"维权热线等。

2015 年 11 月，贵州省教育厅印发《贵州省留守儿童教育精准关爱计划（2015—2020 年）》规定要对留守儿童实行精准帮扶，通过扶持外出务工人员返乡创业，从源头上减少留守儿童。

目前我国有关留守儿童保护的立法除了宪法以外，还有《中华人民共和国未成年人保护法》（简称《未成年人保护法》）、《中华人民共和国妇女儿童权益保障法》、《中华人民共和国义务教育法》、《中华人民共和国预防未成年人犯罪法》，国务院颁布的《未成年工特殊保护规定》《禁止使用童工规定》和一些地方人大、政府的立法，这些法案虽然对儿童保护均有涉及，但并不全面系统，而且缺乏实施细则，可操作性不强。关爱留守儿童的终极目标是要改善城乡二元化结构下严重失衡的社会福利制度。国外社会福利制度建设相对完善，虽然相关法案和操作方式不可以机械照搬，但可以为我们提供一些思路上的借鉴，我国目前急切需要建立与国家经济发展水平相匹配的儿童保护体系和社会基本福利制度及专门针对留守儿童问题的法律法规。此外，我国留守儿童相关政策牵头颁发的部门有国务院、教育部、民政部、中共中央办公厅、全国妇联、最高法院等，各部门颁发的政策数量不计其数，但许多政策都有重合之处，并且政府和民间组织的良性互动的完整体系还没有建立起来，因此整合资源成立专门的儿童保护机构具有现实的必要。

第三节 留守儿童研究现状

随着"三农"问题的升温，留守儿童在我国逐渐受到学者们的关注，有关留守儿童的研究经历了萌芽、起始、发展、高峰、衰微五个阶段，本节对国内外针对留守儿童的相关研究和代表性的观点进行梳理归纳，并对现有文献进行评述，指出已有文献尚存的问题及未来的研究趋势，为今后更好地研究留守儿童问题提供参考。

一、国外留守儿童研究现状

国外关于留守儿童的研究主要探讨的是父母外迁，即跨国务工对留守儿童产生的影响，包含心理健康、教育状况、亲子沟通和社会行为。

心理健康。国外针对留守儿童心理健康的研究的结果具有不一致性。有的研究结果表明父母外出能够为家庭带来更多的收入，从而对儿童健康状况产生积极的影响。另外的研究表明留守儿童易产生失落、愤怒、沮丧、害怕、不安等情绪，会对儿童的心理健康产生消极的影响。由于长期与父母分离，留守儿童与父母之间缺乏互动和亲密，导致留守儿童在学校表现差、与教师和同伴发生冲突、退学、物质滥用甚至自杀行为，同时留守儿童还会产生焦虑、沮丧、冷漠、低自尊等情绪。还有的调查结果显示，留守儿童与非留守儿童在问题行为和情绪方面不存在显著差异，留守儿童的同伴交往能力甚至要高于非留守儿童。留守儿童产生问题行为及学习受阻的重要原因是家庭关爱缺失，相比较于家庭健全的儿童，不健全的家庭中的儿童更容易出现问题。拥有家庭危机的孩子问题行为发生率远远高于没有家庭危机的孩子。

教育状况。大量研究表明，国际移民的父母能够为家庭带来更高的收入，这意味着家庭教育支出也相对较多，从而改善留守儿童的教育状况。在菲律宾，大部分父母移民的孩子能够进入学习资源更好的私立学校学习并且获得更好的学业成绩。有研究发现，移民汇款与留守儿童辍学率呈负相关。但是，父母跨国迁移也会对儿童的学业产生消极影响。一方面父母在家庭教育中缺位，儿童缺乏管束，而且面临着更多的家务，这导致留守儿童更少上学。另一方面，移民汇款可能会时断时续、时多时少，这不仅可能导致留守儿童被迫辍学打工，也可能导致儿童缺乏学习动力，产生逃学等行为。有研究表明，母亲不在身边的留守儿童成绩更差甚至厌学、自杀。

亲子沟通。言语沟通和情感关怀对于跨国亲密关系是一项挑战。移民父母通常采取两种方式与孩子沟通，一种是物质连接，一种是虚拟连接。最常见的物质连接包含汇款和礼物等，而虚拟连接依赖于现代通信技术，如打电话发短信等。一项研究表明，得到物质好处的儿童能够自我减弱亲子分离带来的困苦。虚拟连接能够大大缩短空间距离，让远在海外的父母也能通过语音视频等方式照顾孩子。这种虚拟连接能够让留守儿童更加理解父母迁移的良苦用心，从而不会产生怨恨和被抛弃的心理。但是，也有学者认为远程连接始终不能弥补跨国联系造成的沟通障碍。一旦身体和心灵疏远，物质连接可能会让亲子之间变成提供和索取的关系，虚拟连接可能会让儿童产生厌烦情绪和敷衍行为，甚至他们可能还会将通信设备视为负担，把父母的远程关爱当成一种监控和遥控。

社会行为。部分学者认为，父母跨国迁移的留守儿童与非留守儿童在社会行为方面无显著差异。有研究表明，父母跨国迁移没有对留守儿童的社会化、精神品质和价值观方面产生负面影响。儿童看护人可以有效弥补父母角色缺位。还有证据表明父母迁移与留守儿童抽烟、喝酒和婚前性行为之间无显著关联。持反对意见的学者认为，实际上，父母跨国迁移与儿童社会行为之间存在显著关联。一项泰国的研究表明，父母的陪伴可以有效降低青少年抽烟、喝酒和婚前性行为的风险概率。此外，父母外出导致留守儿童产生不满情绪，因此他们可能会跟一些社会青年一起玩耍或接触毒品。1993～2000 年摩尔多瓦 60% 的犯罪者都是留守儿童。在墨西哥，61% 的留守儿童存在心理问题，他们表示自己产生过被遗弃的感觉。

二、国内留守儿童研究现状

留守儿童一词最早出现在 20 世纪 90 年代初期，最初留守儿童是指父母出国在外留在国内的孩子，这与当前留守儿童的意义并不相同。我们目前所说的留守儿童概念出现在 20 世纪 90 年代后期，随着我国"民工潮"的出现，留守儿童数量激增，但当时留守儿童现象并没有引起大众关注，仅有一些零星的新闻报道。直到 21 世纪以后，留守儿童现象才受到政府及社会各界的广泛关注，这一点能够从以"留守儿童"为主题的文献数量变动上得到很好的反映。

2022 年 11 月 14 日，笔者在中国知网以"留守儿童"为主题进行检索，发现留守儿童中文相关文章共有 36 176 篇（见表 1.5），其中学术期刊 1.45 万，学位论文 5393 篇（其中包含博士论文 170 篇，硕士论文 5223 篇），会议 1020 篇，报纸 3164 篇，图书 5 本，成果 29 项。

表 1.5 留守儿童论文年度数

年份	论文数（篇）	年份	论文数（篇）
1994～2003	8	2016	3104
2004～2009	4830	2017	3154
2010	1826	2018	3190
2011	1690	2019	3034
2012	2001	2020	2722
2013	2317	2021	2155
2014	2300	2022	1177
2015	2668		

从留守儿童研究数量上来说，1994～2003 年十年间留守儿童相关文献仅有 8 篇，2004～2009 年留守儿童文献量呈井喷趋势，尽管 2009～2018 年中间有几年留守儿童文献数量有稍稍下降趋势，但总体来说这十一年间留守儿童文献数量在飞速上涨，2018 年以后留守儿童研究热度逐渐下降，但每年相关研究数量仍在千篇以上。根据学科、研究层次、资助项目等，论文的成果构成见表 1.6。

表 1.6 留守儿童论文构成分析

首学科排序	发表单位排序	发表资助项目
教育理论与教育管理（1.09 万）	华中师范大学（411）	国家社会科学基金（630）
初等教育（4572）	西南大学（349）	甘肃省教育科学规划课题（395）
中国政治与国际政治（4099）	湖南师范大学（250）	国家自然科学基金（221）
中等教育（3163）	北京师范大学（224）	全国教育科学规划课题（185）
政党及群众组织（2966）	安徽大学（185）	教育部人文社会科学研究项目（109）
社会学及统计学（2481）	南京师范大学（161）	湖南省哲学社会科学基金（108）
心理学（2196）	广西师范大学（158）	湖南省教委科研基金（61）
……	……	……

　　留守儿童的研究内容以教育类居多，教育理论与教育管理排在首位；从学校教育制度出发，初等教育及中等教育的研究居多；此外社会学、统计学、心理学各学科也对留守儿童开展了研究。留守儿童研究的主要研究者分布在各大高校，中西部居多。各项基金项目大力支持留守儿童研究，按数量划分，国家社会科学基金对留守儿童研究的支持力度最大，按地域划分，甘肃省、湖南省的投入力度最大。这表明留守儿童问题已经引起社会各界广泛关注，相关研究得到各地政府大力支持。

　　通过二十多年来的研究状况分析，我们将留守儿童研究分为五个阶段，分别是萌芽阶段、起始阶段、发展阶段、高峰阶段、衰微阶段。

（一）萌芽阶段（1994～2000 年）

　　这一时期有关留守儿童的文章仅有 5 篇，1994 年，上官子木和一张分别发表了《"留守儿童"问题应引起重视》《留守儿童》两篇文章，在这两篇文章中他们呼吁大众关注那些父母出国，由祖父母抚养的"留守儿童"。此后，1995 年孙顺其在《教师博览》上发表的《"留守儿童"实堪忧》、1996 年张志英在《健康心理学杂志》上发表的《"留守幼儿"的孤僻心理》、1998 年曹志芳在《农村天地》发表的《莫把遗憾留明天》这三篇文章中提到的留守儿童概念均与农民工子女有关，浅层地涉及了留守儿童的心理卫生问题，但这一阶段的研究仅仅停留在说理阶段，缺乏实证研究和专题研究。

（二）起始阶段（2001～2003 年）

　　这一时期，留守儿童开始受到主流媒体的关注，也有个别的高校团队开展了留守儿童专题研究。2001 年，北京师范大学史静寰教授等通过实地调查的方法对留守儿童的教育状况开展了研究，这是有关留守儿童最早的专项研究。2002 年，湖北大学的学生开展了"关注留守孩"的活动研究，他们通过现状调查分析了留守儿童产生的原因和应对策略，提出留守儿童产生的主要原因是家庭贫困导致父母不得不外出打工，建议为留守儿童建立专项档案、开设心理咨询室等，他们还强调了母亲对留守儿童的重要性，预测未来留守儿童规模将不断扩大和低龄化。同年，林宏在福建三地对城乡留守儿童进行了抽样调查，调查结果表明留守儿童问题行为较多，究其原因是周边环境（网吧、游戏厅等）的干扰及祖辈的溺爱。该研究发现不同地区留守儿童的状况存在较大差异。

2002 年，李庆丰的研究首次对留守儿童的监护模式进行分类，他将留守儿童分为三种监护类型，即隔代监护、上代监护和自我监护，指出这三种类型对留守儿童都会产生不利影响。尽管他的分类方式没有将留守儿童监护类型涵盖全面，但这种分类模式对后来的研究具有重要的借鉴意义。朱科蓉等对留守儿童的学习状况进行了研究，研究表明父母长期不在儿童身边会对留守儿童的学习动机、学习过程和学习环境产生影响，但并不影响儿童学习成绩。张万敬提出为"留守儿童"呼唤"家爱"，关注留守儿童父爱、母爱缺失的问题。佘凌等在《流动人口子女及其教育：概念的辨析》一文中明确表明流动人口子女不仅指流入城市的流动儿童，也应该包括留在乡村的"留守儿童"，并指出流动人口子女的教育问题。

（三）发展阶段（2004～2009 年）

2004 年，教育部基础教育司召开"中国农村留守儿童问题研究"研讨会，标志着政府开始介入留守儿童问题。六年间，研究留守儿童的相关文献共 3433 篇，在政府的高度关注下，留守儿童研究逐渐兴盛。这一阶段，留守儿童相关研究以个案调研为主，以点带面地展现出留守儿童的生存状况，展现出的留守儿童问题主要集中在心理、德育和性格养成几个方面。此外，该时期留守儿童的研究内容开始多元，如研究留守儿童的概念、背景、规模等；留守儿童问题，包括学习问题、安全问题、家庭问题、教育问题、行为问题、品德问题、性格问题、心理问题、犯罪问题、社会化问题、适应问题、人际关系问题、儿童权益保护问题等；还有留守儿童问题产生的原因，如政策与体制原因、经济因素、父母认识偏差、儿童的年龄因素、监护人监管不力、社会环境变化的影响、学校观念滞后与条件限制等；解决留守儿童问题的策略，如逐步消除城乡差距、加快户籍制度改革、政府提供资金支持、学校要开展针对性的教育措施、加强留守儿童家庭教育心理教育、开展各种社区活动、建立留守儿童监护体系和相关法治建设等。还有研究者找到了不同的研究切入点，如罗国芬对留守儿童的规模进行评述；张芳、杜学元、刘继强、李杰春等对留守儿童的社会化进行探究；叶仁苏、朴婷姬等将国外亲属抚养的孩子与国内留守儿童进行对比，还将汉族与少数民族留守儿童进行对比……有的学者从农村发展、人力资源的角度对留守儿童进行分析，还有学者从法律权益保障方面对留守儿童进行分析。

2005 年后，留守儿童的专题论文数量激增，并且有相关专著出版。2005 年，叶敬忠等主编了《关注留守儿童——中国中西部农村地区劳动力外出务工对留守儿童的影响》一书。该书对以往研究进行了梳理，并对相关概念逐一界定，还综合使用了问卷、访谈、小组访谈、案例、角色扮演、每日活动图等多种方法进行研究。该研究旨在探究父母外出对留守儿童有什么样的影响，以一种客观的方式来展示留守儿童的生活状况，但也因其重在展示，所以该研究整体分析不够深入。2008 年，叶敬忠等编写的《关爱留守儿童——行动与对策》一书从"关爱活动"的视角对留守儿童开展了研究。首先该书对留守儿童关爱活动进行了综述，其次全面展示了自己的研究背景、文献综述和研究设计等，第二章展示了在各地开展的不同活动对留守儿童的学习、生活、安全和情感等方面的影响，并在此基础上提出了自己的建议还分析了本研究存在的不足，第三章梳理了不同主体面对留守儿童应当扮演的角色及可以发挥的作用，并提出了具有针对性和可操作性的政策建议。

（四）高峰阶段（2010～2018 年）

2010 年后，留守儿童研究迎来了热潮，留守儿童年度论文数几乎呈持续上涨趋势，尤其在 2011～2013 年、2014～2016 年，留守儿童文献数量急速上涨，2016 年留守儿童年度文献总数突破 3000 篇，此后文献数量居高不下。该阶段文献数量激增与 2010 年第六次全国人口普查、2015 年全国 1%人口抽样调查提供的数据支撑有关。

通过期刊论文对比发现，留守儿童的研究视角主要涉及人口学、教育学、心理学、社会学等学科，不同学科的研究内容有所区别，如留守儿童心理学的研究主要包含以下几个方面：①人格特征方面，如自尊、自卑、孤独、情绪等；②心理健康方面，如对人焦虑、学习焦虑、自责倾向、恐怖倾向、身体症状、孤独倾向、过敏倾向、冲动倾向等；③心理弹性方面，如主观幸福感、适应能力、心理韧性等；④其他方面，如自我效能等。留守儿童的教育学研究重在揭示留守儿童教育面临的问题，形成的原因并提出相应的策略，有关留守儿童教育问题的研究主要集中在心理健康问题与学业问题、安全教育问题、监护问题、思想道德教育问题等。研究者们根据这些问题主要从国家政府、社会、学校和家庭层面提出相应对策。总之，留守儿童的研究明显带有"问题化"色彩，包含留守儿童的教育问题研究、留守儿童的心理问题研究、留守儿童的社会化问题及社会支持研究、留守儿童的权益保护及法律对策研究等方面。

（五）衰微阶段（2019 年至今）

2019 年后，留守儿童相关文献总数呈逐年下降趋势，这有可能与农村留守儿童人口数量锐减有关。一方面，近年来新型城镇化建设、乡村振兴等政策从源头上减少了儿童的留守现象；另一方面，进城务工人员随迁子女规模不断增长也是农村留守儿童数量减少的原因之一。此外，为加强农村留守儿童基础信息动态管理，民政部组织开发了全国农村留守儿童和困境儿童信息管理系统并于 2017 年上线运行，由民政部不定期公开农村留守儿童相关数据，因此近年来没有基于大数据推算留守儿童规模状况的统计学研究。虽然农村留守儿童数量有所减少，但 697 万仍然是相当大的数据，并且此数据还不包括城市留守儿童，因此，留守儿童现状仍然不容忽视，近年来我国政策对留守儿童的持续关注也表明了这一点。此外，留守儿童研究数量减少也有可能与新冠疫情背景下调研实践活动难以开展相关，2019 年后知网年度论文收录量也有下降趋势。此阶段相关研究内容与上一阶段基本无异，但近年来有相当一部分学者开始以积极视角来看待留守儿童并开展研究。

通过文献梳理我们发现留守儿童既往研究成果颇丰，但也存在一些不足，主要表现在以下几个方面。

从研究方向上看，目前的研究具有多学科、多视角、逐步深化的特点。学者们从社会学、教育学、心理学、人口学、政治学及法学等学科视角来审视留守儿童问题，不同学科研究有不同侧重点。例如，人口学研究侧重于从留守儿童的数量规模、分布状况等方面来分析留守儿童现状；心理学的研究更加关注留守儿童可能产生的问题行为及其影响因素；教育学的研究重点在于从各个主体提出留守儿童教育对策。虽然各学科的研究有百花齐放之态，但学科之间联系还不够紧密，导致研究缺乏深度。例如，心理学的研究往往通过量表分析留守儿童的问题行为得出结论，缺乏对儿童内心情绪体验和一日生活的了解，因此分析和结论往往停留在表面。此外，针对留守儿童安全和犯罪（包括虐待、意外伤害、被拐卖、性侵害等）、法律权利、营养和身体健康方面的研究较少，关于留守儿童安全和问题行为的实证干预研究较少。未来的研究必须将目光转移到寻求实际有效的解决方案上来。

在研究方法上，从横向看，目前关于留守儿童的论文以文献法和调查法居多。文献研究由于自身无法近距离观察和了解研究对象，大段引用前人观点，文章相似度高，留守儿童"问题化"凸显。专著主要运用田野调查法，往往采用问卷和访谈的形式。从纵向看，目前对留守儿童的研究大多停留在当前，很少有学者对曾经的留守儿童开展跟踪调查研究。此外，大多针对留守儿童问题行为的干预手段是单一的、割裂的，而且干预时间短，只能在短期内改善留守儿童问题行为，无法对未来效果进行准确预测。此外，在留守儿童问题干预的研究当中往往会用到心理测量表，但心理健康水平以普通儿童群体为常模进行比较还是以同地区的非留守儿童进行比较没有统一标准。因此，还要制定科学统一的研究标准，建立留守儿童研究体系，增强研究的科学性和规范性。

从研究视角上看，我国目前主要以问题导向来看待留守儿童，在这种角度下，一是很难以客观和全面的角度来看待问题，无法还原真实的留守儿童成长状况；二是无形中将更多目光放在有心理行为问题的留守儿童上，忽视了其他的留守儿童。对于一定心理问题的留守儿童，目前的研究只能帮助其克服当前的心理问题，无法预测他们未来的发展情况。

从研究对象上看，目前多数研究关注对象是小学、初中的留守儿童，忽视了学龄前留守儿童及大龄留守儿童。有研究表明，留守儿童和父母分离的时间越长、年龄越小，就更容易产生情感和问题行为风险，并且这些消极影响持续到儿童成年后，因此必须更加关注学龄前留守儿童。同时小学和初中的留守儿童表现出的心理问题又有所不同，留守女孩和男孩也有明显差异，目前研究缺乏对不同年龄和性别的留守儿童的针对性讨论。此外，留守儿童数量持续较多地区的留守儿童和民族聚居地的留守儿童与其他地区留守儿童的状况是否有差别也未可知。值得注意的是，现有研究几乎将留守儿童与农村留守儿童画上等号，而对城市留守儿童的关注甚少，但随着社会转型和城市的快速发展，父母单方或双方流动到其他城镇或海外工作、进修等情况逐渐增加，而对于这一群体的研究目前甚少。

第四节 留守儿童问题行为干预

依据前文，留守儿童数量广泛，问题行为众多，许多研究者依据留守儿童不同症状开展了针对性的干预实践，主要分为心理干预、教育干预、运动干预、音乐干预、绘画干预、绘本干预六种模式。

一、心理干预

心理干预是指在心理学理论指导下有计划、按步骤地对一定对象的心理活动、个性特征或心理问题施加影响，使之发生朝向预期目标变化的过程。留守儿童心理干预中团体干预模式最常见，主要方式有箱庭疗法、团体辅导等。现有研究表明，团体干预对留守儿童的主观幸福感、社交焦虑、心理韧性、学习倦怠、孤独感等均有不同程度的正向作用。

箱庭疗法是来访者在治疗者的陪伴下通过使用沙箱和自由挑选玩具，制作箱庭，达到心理治疗的目的。团体箱庭对儿童具有特殊的吸引力，可以为留守儿童创造一个接纳、安全、尊重、包容、轻松的空间，让内向、抑郁、焦虑的儿童降低心理防备，通过共同制作箱庭作品来促进儿童的同伴关系，让儿童体验到责任感、共感和协调的重要性，从而将积极情感迁移到日常生活中。有研究表明，箱庭疗法能有效缓解儿童焦虑性情绪障碍，利用箱庭疗法能有效治疗抑郁症儿童[30]。李薇薇等采用儿童社交焦虑量表（Social Anxiety Scale for Children，SASC）

和儿童抑郁障碍自评量表（Depression Self-rating Scale for Children，DSRSC）对7 年级所有学生进行前测调查，筛选被试进行为期 7 周，每周 1 次的团体箱庭干预并进行后测，结论表明留守儿童的社交焦虑及抑郁水平比非留守儿童高，团体箱庭干预留守儿童社交焦虑及抑郁问题有一定的效果[31]。张艳等的研究结果表明，团体箱庭可以改善留守儿童的亲子沟通和同伴关系，同时也使留守儿童应对方式更加积极[32]。

团体辅导是指在团体中采用适当的辅导方式让团体成员通过观察和互动认识自我、探讨自我、接纳自我，与人交流，增强适应能力的过程。研究发现团体心理辅导能够帮助留守儿童降低抑郁水平，塑造个性，还能提高儿童社会适应力。短期的团体辅导对留守儿童主观社会支持的效果良好。采取团体辅导的方式可以提升留守初中生心理韧性水平，使其在情绪控制、积极认知、目标专注和人际协调等方面得到改善。除此之外心理辅导对儿童抑郁、个性等心理问题起到积极作用。心理辅导对留守儿童焦虑、抑郁、个性重塑、满足感和智力方面作用明显，但对提高自我意识方面效果不明显。此外，还有学者发现心理剧团体辅导可用于改善城市留守儿童的网络成瘾症状和降低其社交回避[33]。国外对留守儿童进行心理干预的实证研究较少，墨西哥"家庭与人口研究所"曾在本国建立了 30 个儿童发展中心开展了为期 3 年的研究，该中心为 12 岁以下的留守儿童及其监护人开展生存技能培训（如情绪表达和管理，解决问题的能力，沟通技巧等）。研究结果表明：参与该项目的留守儿童心理健康和行为问题都得到明显改善，并且该方案广受留守儿童父母或其他监护人的欢迎和喜爱。

二、教育干预

针对留守儿童的问题行为，目前很少有孤立的家庭干预、学校干预、社会干预的实证研究，教育学界学者通常提倡学校、社区、家庭三位一体合力进行干预。曾瑾的研究提出了针对农村留守儿童心理健康的以学校为中心、社区为辅助的"参与性学校-社区"干预模式。具体操作是以"参与性学校心理小组活动"为中心，采用情景剧、角色扮演、图画、游戏、讨论、心理训练、讲故事、头脑风暴等多种干预方法，辅以相关学校社区活动，在社区做"关注留守儿童心理健康"的宣传，在社区形成关注、关爱留守儿童心理健康的氛围。研究结果表明"参与性学校-社区"干预模式对改善留守儿童心理健康状况效果明显。白勤等通过调查发现留守儿童与非留守儿童的心理健康存在显著差异，因此选择两所寄宿制留守儿童学校为实验对象，机关干部、大学生志愿者、武警官兵、医务人员和学校教师共同组成实验工作组，以活动为载体，从"4＋1"层面对留守儿童实施培养干预。结果表明，留守儿童的心理健康水平的干预前后测评结果存在显著性差异，这表明多主体合力教育的模式能够有效提升留守儿童心理健康水平[34]。李孟洁等的研究选取几个乡镇社区，分别确立为干预社区与对照社区，两组均参与农村社区常规活动，干预组在此基础上连续 8 个月实施农村社区家庭工作坊干预。采用长处和困难问卷（strenghts and difficulties questionnaire，SDQ）家长版进行干预前和干预后心理评估，研究结果表明：农村社区家庭工作坊对改善学龄前留守儿童的长处总体困难、品行问题和多动与注意缺陷、亲社会行为等行为问题有一定的效果[35]。

三、运动干预

体育锻炼的心理效应有改善人的心境状态、协调人际关系、培养人的意志品质等。体育锻炼促进人的身心健康主要基于三种理论。理论一认为运动为个体提供体验控制的情景，可以从活动中体验成就感和竞争感，从而提高个体的自我效能和控制感，而人的消极情绪如抑郁感是由于个体长期感到事件不受自我控制并将失败归结于内部原因而造成的，因此，在运动锻炼中体验到的控制感和成功感，能够帮助个体消除抑郁情绪。理论二认为体育锻炼能够促使个体转移不愉快的情绪、意识和行为。理论三认为体育锻炼会使人产生恍惚状态，即一种意识变更状态，低强度的意识变更时常存在，可以让个体产生自己变得健康的感觉。

体育锻炼促进人身心健康已成为普遍共识，但事实上并非所有的体育运动都能使人产生良好的心理效应，是否能产生良好的心理效应取决于运动活动中的运动类型、持续时间、运动频率、运动强度。大量研究表明，能取得积极心理效应的体育运动包含：令人喜欢和有趣欢乐的运动，回避人际竞争的运动，可自定步调的运动，有氧运动或复式（有氧无氧结合）运动。此外，除了常规的体育运动，乡土体育干预也能使儿童产生积极的心理效应。乡土体育干预是指融入乡土特色的体育游戏，如跳绳、丢沙包、拔河等。在进行乡土特色的集体游戏与新兴项目的运动中，留守儿童能够获得群体认同感和社会支持，从而改善焦虑情绪。运动干预具有直接性、效果明显性等优点，因此不少研究者运用运动干预来促进农村留守儿童身心健康发展。定量研究发现，运动干预后，留守儿童的心理健康水平明显提高，这主要体现在人格、情绪、认知等方面。有研究发现，留守儿童比非留守儿童社会适应能力低，通过开展田径赛、球类、拓展运动等项目，留守儿童在人际适应性、心理弹性、心理控制感、心理能量等方面显著提高。运用体育游戏法对留守儿童进行干预，干预后留守儿童的自信与勇气明显提升，学业压力得到缓解，并且运动游戏促进了留守儿童之间的互动交流，排解其孤独感。对 14～16 岁初中留守儿童开展了为期 8 周的课程外中等强度运动干预，留守儿童运动组在体育锻炼后心理评估总分显著升高，抑郁、恐怖和焦虑因子的得分呈极显著性下降，人际关系、敌对和偏执因子得分显著降低。体育运动干预使留守儿童的 SDQ 困难总分降低显著，相反他们的亲社会行为因子得分上升显著，这说明体育运动干预后留守儿童消极心理问题逐渐改善，并形成良好的积极心理[36]。

四、音乐干预

音乐干预将护理学、心理学相结合，利用音乐舒缓患者的情绪和痛苦，促使其身心健康发展。音乐对个体产生巨大情感影响，如流畅快乐、节奏鲜明的音乐促使人们友好交谈，而悲哀、节奏缓慢的音乐能减少人的交往活动，增强人的哀怨和敌意，此外有研究证明音乐也能提高情绪智力。

某研究对某小学进行为期一年的音乐干预。研究结果表明，接受音乐干预后的学生孤独、无助、自卑、恐惧的心态好转，对家长的依赖降低，学生心态表现得更加积极阳光。留守儿童通过合唱队、音乐游戏、唱歌比赛、主题演讲等活动产生积极情绪和合作氛围，使胆小内向的女生更加外向活泼，使不遵守纪律、性格内向，但又想要表现自我、渴望关注的男生更加积极自信。研究发现，奥尔夫音乐不仅能够明显改善农村留守儿童焦虑性情绪障碍，提高留守儿童的主观生活感受性，还能促进留守儿童社会性发展，减轻留守儿童人际交往障碍[37]。此外，乡土音乐也是促进留守儿童心理问题的新路径。

在对留守儿童进行音乐干预时，首先，任课教师或干预人员要注意营造良好的音乐环境，激发儿童学习兴趣。其次，音乐的选择要契合留守儿童的个人适应能力和成长环境，将情感教育与音乐相融合，音乐难度要考虑留守儿童实际情况，由浅入深。然后，要丰富教学手段，综合运用各种教学方法，如情景教学法、吟诵法、乡土音乐剧，即兴编曲等。最后，要引导儿童积极参与，音乐游戏不拘泥于平时的上课方式和教学模式，最大限度加强留守儿童参与感。

五、绘画干预

绘画艺术治疗是指以绘画活动为中介的一种心理治疗方式。它通过绘画让患者产生自由联想来稳定和调节情感，在追求艺术美的过程中治疗心理疾病或矫正行为问题。已有的研究表明绘画治疗对修复创伤和离丧、处理情绪冲突有很好的疗效。还有研究证明绘画治疗可以提升患者的自我概念、自我形象、人际交往技能。儿童往往难以用清楚的语言来表达内心的想法和创伤，绘画艺术可以让儿童借助绘画的形式，通过色彩、构图、阴影、线条等形式将难以表达或不愿意表达的消极情绪通过投射表达出来，有助于留守儿童摆脱不良情绪，调节心理创伤。

有研究者采取个案跟踪治疗，运用自动绘画、色彩探究、绘画完成三种手段对留守儿童心理问题进行干预或矫正，研究结果发现被试的自尊、自我概念、人际关系有明显改善，并且其生理自我、社会自我明显提高[38]。重庆图书馆曾对65 名城市留守儿童开展为期 15 周，每周 2 次的绘画干预。绘画主题包括人像、涂鸦、感受、场景、团体共同绘画，干预流程依次是作品创作、作品介绍、作品分析、共同探讨，干预的目的是引导干预对象学会自我审视、自我倾诉、自我接纳和自我提升。最终干预结果表明：经过绘画干预的儿童在心理自我、生理自我、社会自我和家庭自我等方面的自我认知变得更为积极客观，儿童更愿意接纳自己，绘画干预能够显著提升留守儿童的自信和自尊，完善其自我概念。

六、绘本干预

绘本是指以图画为主，少量文字为辅的书籍，又称图画书。绘本情节简单，故事简短但生动有趣，寓意深刻，因此最适合学龄前儿童和低年级儿童阅读。绘本是集图像、文字为一体的一种幼儿文学体裁，幼儿在亲子阅读、绘本共读的过程中能够产生视觉、听觉、触觉等多模态的感知[39]。因此，儿童在阅读绘本中可以锻炼自己的思维能力、想象力、审美能力，并且儿童认知、情感、语言各方面都能得到提升。绘本不仅能够激发儿童阅读兴趣，还可以提升儿童阅读能力，培养儿童良好的阅读习惯。农村留守儿童存在着焦虑、孤独、抑郁、自卑等消极情绪，开展主题绘本共读能帮助他们提高自身情绪管理。师生共读不仅可以有效利用资源，还可以增进师生亲密感，弥补留守儿童长期缺乏父母陪伴的情感缺失。"留守情绪类"绘本可以帮助留守儿童克服分离焦虑、无助等待；"父母亲情类"的绘本可以帮助留守儿童寻找安全感和家庭归属感；"自我成长类"的绘本阅读可以健全留守儿童人格，构建积极情绪，从而促进留守儿童心理健康[40]。

参 考 文 献

[1] 段成荣，周福林. 我国留守儿童状况研究 [J]. 人口研究，2005（1）：29-36.

[2] 国务院. 国务院关于加强农村留守儿童关爱保护工作的意见 [EB/OL]. （2016-02-04）[2023-06-28]. https://www.gov.cn/gongbao/content/2016/content_5050459.htm.

[3] 段成荣，赖妙华，秦敏. 21世纪以来我国农村留守儿童变动趋势研究 [J]. 中国青年研究，2017（6）：52-60.

[4] 全国妇联. 全国农村留守儿童状况研究报告（节选）[J]. 中国妇运，2008（6）：34-37.

[5] 全国妇联课题组. 全国农村留守儿童 城乡流动儿童状况研究报告 [J]. 中国妇运，2013（6）：30-34.

[6] 潘跃. 民政部发布数据显示 农村留守儿童少了两成多 [EB/OL]. （2018-11-02）[2023-06-25]. https://www.gov.cn/xinwen/2018-11/02/content_5336714.htm.

[7] 新华社. 全国农村留守儿童精准摸排数量 902 万人 九成以上在中西部省份 [EB/OL]. （2016-11-09）[2023-06-27]. http://big5.www.gov.cn/gate/big5/www.gov.cn/xinwen/2016/11/09/ content_5130653.htm.

[8] National Crime Prevention (NCP). A case for Commonwealth investment in the prevention of Chile Abuse and Neglect [M]. 1999.

[9] Hunt J. Family and Friends Carers [R]. Report prepared for the department of Health, 2003.

[10] 李学美，黄莹. 农村留守儿童问题的研究综述 [J]. 卫生软科学，2015（7）：429-431.

[11] Luo J, Wang L G, Gao W B. The influence of the absence of fathers and the timing of separation on anxiety and self-esteem of adolescents: a cross-sectional survey [J]. Child care health & development, 2012 (5): 723-731.

[12] 李光友，罗太敏，陶方标. 父母外出打工对留守儿童危险行为和心理因素影响 [J]. 中国公共卫生，2012

（7）：924-926.

[13] Shetgiri R. Bullying and victimization among children [J]. Advances in pediatrics, 2013 (1): 33-51.

[14] Zhang H P, Zhou H Z, Cao R X. Bullying victimization among left-behind children in rural China: prevalence and associated risk factors [J]. Journal of interpersonal violence, 2019 (36): 15-16.

[15] Yan H, Chen J, Huang J. School bullying among left-behind children: the efficacy of art therapy on reducing bullying victimization [J]. Frontiers in psychiatry, 2019 (10): 00040.

[16] Bramlett M D, Blumberg S J. Family structure and children's physical and mental health [J]. Health affairs, 2007 (2): 26.

[17] 苏群，徐月娥，陈杰. 父母外出务工与留守子女辍学：基于 CHNS 调查数据的经验分析 [J]. 教育与经济，2015（2）：62-72.

[18] Chen M, Sun X, Chen Q, et al. Parental migration, children's safety and psychological adjustment in rural China: a meta-analysis [J]. Trauma violence & abuse, 2017 (1):113-122.

[19] Wang F, Lu J, Lin L, et al. Mental health and risk behaviors of children in rural China with different patterns of parental migration: a cross-sectional study [J]. Child and adolescent psychiatry mental health, 2019 (1): 39.

[20] Xu W, Yan N, Chen G, et al. Parent-child separation: the relationship between separation and psychological adjustment among Chinese rural children [J]. Quality of life research: an international journal of quality of life aspects of treatment, care and rehabilitation, 2018 (4): 913-921.

[21] 孙晓军，周宗奎，汪颖，等. 农村留守儿童的同伴关系和孤独感研究 [J]. 心理科学，2010（2）：337-340.

[22] 陈玥，赵忠. 我国农村父母外出务工对留守儿童健康的影响 [J]. 中国卫生政策研究，2012（11）：48-54.

[23] 卢国良，肖雄，姚慧. 湖南民族地区留守儿童学业成就现状研究 [J]. 当代教育论坛，2013（6）：1-8.

[24] Smith G C, Palmieri P A. Risk of psychological difficulties among children raised by custodial grandparents [J]. Psychiatric service, 2007 (10): 1303-1310.

[25] Zhao J, Liu X, Wang M. Parent-child cohesion, friend companionship and left-behind children's emotional adaptation in rural China [J]. Child abuse & neglect, 2015: 190-199.

[26] 徐志坚，慈志敏，姜岩涛，等. 留守儿童抑郁症状的检出率：2000—2015 年发表论文的 meta 分析 [J]. 中国卫生心理杂志，2016（12）：923-928.

[27] Wan J, Gang W, Tao H, et al. Mental health and psychosocial problems among Chinese left-behind children: a cross-sectional comparative study [J]. Journal of affective disorders, 2018 (1): 133-141.

[28] Dong B, Yu D, Ren Q, et al. The resilience status of Chinese left-behind children in rural areas: a meta-analysis [J]. Psychology, health & medicine, 2019 (1): 1-13.

[29] Xiao Y, Wang Y, Chang W, et al. Factors associated with psychological resilience in left-behind children in southwest China [J]. Asian journal of psychiatry, 2019 (14): 1-5.

[30] 李志佳，陆志新，张霞，等. 箱庭治疗在儿童青少年抑郁症治疗中的疗效研究 [J]. 中国临床心理学杂志，2019（4）：759-761.

[31] 李薇薇，蔡矗. 团体箱庭干预留守儿童社交焦虑及抑郁研究 [J]. 中国健康心理学杂志，2012（3）：469-471.

[32] 张艳，何成森. 团体箱庭干预留守儿童同伴关系效果研究 [J]. 中国学校卫生，2013（6）：740-741.

[33] 葛缨，胡媛艳，张智，等. 心理剧对城市留守儿童网络成瘾及社交回避的改善效果 [J]. 中国心理卫生杂志，2014（6）：458-465.

[34] 白勤，林泽炎，谭凯鸣. 中国农村留守儿童培养模式实验研究：基于现场干预后心理健康状况前后变化的数量分析 [J]. 管理世界，2012（2）：62-72.

［35］李孟洁，郭丽，周佑英，等．农村学龄前留守儿童心理行为社区家庭工作坊干预［J］．中国心理卫生杂志，2016（4）：281-286.

［36］赵春琪．运动干预对留守儿童身心健康影响的实验研究［J］．教学与管理，2013（15）：67-69.

［37］陈曙，王京琼．体育参与对农村留守儿童身心健康的干预研究［J］．武汉体育学院学报，2016（9）：93-100.

［38］李昕昕．奥尔夫音乐治疗应用于农村留守儿童人际交往障碍的策略研究［J］．音乐创作，2017（3）：190-191.

［39］刘中华．宁波"留守儿童"心理健康与绘画艺术治疗［J］．宁波大学学报（人文科学版），2008（1）：135-140.

［40］蔡亚．借助"绘本共读"实现留守儿童情绪管理［J］．教学与管理，2018（29）：16-18.

第二章
多模态信息技术与儿童教育的融合创新

第一节　多模态的概念与理论基础

随着经济社会的不断发展，科技创新能力的不断推进，"数字经济"越来越成为日常生活中不可或缺的一部分。信息化飞速发展的今日，教育领域对技术手段的要求越来越高，传统教育模式已经不适合新时代的学前教育发展。为此，《基础教育课程改革纲要（试行）》中提出现今的教育，必须加大信息技术的投入，促进教育科学化、信息化、人性化。因此，信息技术与教育领域的融合已成必然之势。本节将介绍一种新兴的技术方式——多模态技术。

一、多模态技术的概念

多模态技术（multimodal technology）是指将从不同模态（文本、音频、图像等）中提取的特征结合在一起的所有技术。它涵盖了广泛的组件技术：视听语音识别、视听人物识别、视听事件检测、视听对象或人员跟踪、生物识别（使用面部、声音、指纹、虹膜等）、头部姿势估计、手势识别等。随着科技的不断进步，多模态技术的开发和应用为促进儿童的发展提供了新思路。该技术在输入端可以对人体的声音、视频、心电等进行高精度采集和识别，在输出端可以向人体输出与其互动的视觉影像和听觉信息等，使得实现儿童发展数据采集和评估的自动化及教育促进的大规模低成本化成为可能。

例如，美国 LENA Foundation 开发了一套针对以英语为母语儿童的语言能力监测与评估系统：通过一款形如 U 盘的高精度语音采集设备，全天收集英语儿童的表达性语言信息和监测外部语言环境，通过计算机自动实现对儿童语言能力的评估。我国东南大学的郑文明等研究者[1]曾探索用该技术评估面部表情，借以了解儿童的情绪发展。宋占美团队开展的多模态电子交互式绘本研究实验中，运用多模态技术，把静态的绘本创编成为集触摸、声音、图像、情境、操练于一体的多维立体动态交互游戏，让儿童在触、听、看、感、体、玩中建立音、形、意之间的链接，极大地提升了儿童的阅读能力和双语思维[2]。

二、多模态视角与理论基础

1. 社会文化理论

多模态在教学中的应用基于一个重要的基本假设，即意义的生成和表达是通过多种沟通方式来进行的，包括语言、凝视、手势、姿势。在意义的传播、解释和再制作过程中，涉及多种信息模态（如打印文本、图像、视频、动画、音频旁白、音乐）的多种沟通方式（如口语、凝视、手势、姿势）[3]。多模态视角特别强调将口语和书面语言模式编织成符号系统的方式，这些符号系统也是视觉、听觉、空间和手势[4]。因此，儿童的运动、手势、标记和游戏的意义，就在于它们能够自然而然地将错综复杂的口语和书面语言连接在一起，以达到特定目的。

多模态视角以维果斯基的社会文化理论为基础。维果斯基[5]和新维果斯基学派[6]的社会文化理论认为，儿童的学习和发展是特定环境中的文化活动社会化的过程，因此，从根本上说，是社会和文化性质的过程。在社会文化背景下审视和理解它们是有意义的。为了了解儿童在文化、历史和机构环境中的学习和发展，必须先了解儿童的代理及作为人造物的日常科技的中介作用[6]。

第一，儿童在任何环境中所从事的社会生活实践都为研究儿童的学习和发展提供了肥沃的土壤。例如，儿童在教室中从事一系列小组和个人活动，这些活动以技术为媒介，如玩电脑游戏、在线解决数学难题、阅读数字书籍、进行在线研究、使用 iPad 绘图、使用 iPad 应用程序讲故事、在线访谈专家、使用辅助技术进行交流等。因此，本书所有章节都关注儿童在这些不同生活场域的社会生活实践。

第二，儿童作为积极代理人，其融入文化习俗的过程并不是单向的。正如维果斯基所说："人类行为的基本特征是通过个体影响与环境的关系，并通过环境来改变个体的行为。"[5]因此，至关重要的是，不仅要研究儿童如何受到他们所处的社会环境的影响，而且要研究儿童如何将这些环境塑造为活跃的主体，而这种学习经历是通过技术来实现的。值得注意的是，儿童的代理权超出了我们通常认为的"个人财产"[7]。相反，认知是在个人发现自己的社区成员之间分布的[8]。因此，研究作为社区成员的儿童很重要。另外，作为课堂上的积极推动者，儿童的动机、目标和日程也会影响他们与他人及周围文化、文物的互动方式，而这些相同的人造物也同时会影响儿童的目标和日程。因此，在本书中，我们将重点放在这种自反关系上。

第三，包括工具和技术在内的人造物不仅能够促进我们的活动，而且能够确定活动的性质。正如维果斯基所说："心理工具改变了心理功能的整个流动和结构。"[5]同时，人造物的意义和使用也通过活动进行结构化和转化。这种转变是由人造物的提供来调解的。直观功能就是这种人造物的感知的和实际存在的属性，它决定了人造物在各种特定场域中的可能用途[9]。数字技术（如在线工具、数码相机）提供学习和交流的机会，如果没有这项技术，他们可能无法获得学习和沟通的机会（如反射、在教室外扩展等）。因此，他们的学习被拓宽和深化。冥想和自在的概念为我们提供了有用的视角来检验和理解技术在儿童学习和发展中的作用。

2. 克拉申的语言输入假说

输入假说也是克拉申语言习得理论的核心部分，他曾用一本专著论述他的这个假说。克拉申认为，只有当习得者接触到"可理解的语言输入"，即略高于他现有语言技能水平的第二语言输入，而他又能把注意力集中于对意义或对信息的理解而不是对形式的理解时，才能产生习得。这就是他著名的 i+1 公式[10]。i 代表习得者现有的水平，1 代表略高于习得者现有水平的语言材料。根据克拉申的观点，这种 i+1 的输入并不需要人们故意地去提供，只要习得者能理解输入，而他又有足够的量时，就自动地提供了这种输入。克拉申理想输入特点有三方面。①可理解性，即理解输入的语言材料是语言习得的必要条件，不可理解的输入对于习得者而言，只是一种噪声。②既有趣又有关，即要使语言输入对语言的习得有利，必须对它的意义进行加工，输入的语言材料越有趣、越关联，学习者就会在不知不觉中习得语言。③足够的输入量，要习得新的语言结构，仅仅靠几道练习题、几篇短文是不够的，它需要连续不断地进行有内容、有趣味的广泛阅读和大量的会话才能奏效[11]。

从第二语言习得理论来看，克拉申的输入假说对基于计算机和网络的多模态教学模式具有一定的解释力。输入假说是克拉申用来解释语言习得如何发生的理论。他认为语言的丧失应该是有意义的和可以理解的。可理解输入的习得需要一定的语境。教师可以利用非言语信息在一定程度上帮助和简化语言知识的输入，但教师在语言的表现和输入上有一定的局限性，而基于计算机和网络的多模态教学可以弥补这一点。学习者在互联网上接触到大量的语言知识信息和生动的图片、文字和声音，为实现可理解性提供了良好的语境。科伦、洛萨诺夫和特里尔也表达了同样的观点，即语言习得极其重要。

克拉申语言输入假说的核心观点可充分用于多模态教学中。例如，在多模态电子绘本中，"可理解性"体现在电子绘本中的语言要么是中文提示音要么是绘本英语语言，个别单词和句型是儿童之前听过的、有经验的；"既有趣又有关"体现在创设的游戏和对话情境都是与儿童日常息息相关的，来自儿童接触过的游戏、音乐、场景，在这些基础上进行游戏的设计和对话场景的创编；"足够的输入量"体现在电子绘本中有许多儿歌、故事、对话、每一页都有丰富的英文。多模态教学中，基于克拉申语言输入假说的多模态教学可以有效地激发儿童学习英语的兴趣，为儿童提供自然真实的语言环境，使身处第二语言环境中的儿童能够有效地提高英语水平。这是因为多媒体技术具有动画、文字、视频播放等功能，使处于第二语言环境中的儿童在潜意识中掌握英语语言知识。此外，教师利用多模态技术创造英语语言环境，使儿童得到可理解的输入。它还可以激发儿童在真实的英语语言环境中说英语的兴趣，从而使儿童主动学习英语，提高儿童的英语水平。多模态技术可以引导儿童纠正发音和调整音调。由于我国儿童缺乏英语语言环境，在英语口语和听力训练活动中，儿童经常受到不规范的发音和语调的影响。因此，教师利用多模态技术帮助儿童纠正发音和语调，使儿童得到正确的输入。在实际的英语交际活动中，能够进行自然的表达和叙述，从而提高儿童的英语综合能力。

3. 多模态文本分析理论

多模态文本分析理论是从文学、视觉传播和艺术等多方面理论提取精华，创建自己的多模态理论框架[12]，该框架由三个部分构成，即感知角度（perceptual perspective）、结构角度（structural perspective）和意识角度（ideological perspective）。Serafini 指出这三个角度就像是一个同心圆，相辅相成，共同解释绘本故事。感知角度（位于同心圆的中心）与我们眼睛所看到的有关，包括绘本的文本要素、视觉要素及设计要素（边界、方向、颜色、位置等）。结构角度（位于同心圆的第二外层）是指我们在理解和重组多模态文本时，会受社会背景的影响。结构角度包括概念功能（ideational metafunction）、交际功能（interpersonal metafunction）和语篇功能（textual metafunction）。Serafini 总结到，概念功能关注的是内容，或者是这个世界的知识是如何反映在语言中的；交际功能关注的是人际关系，它是通过语言来建构参与者之间的关系；语篇功能关注文本是如何编辑的，尤其是在文本的语法问题上。意识角度（位于同心圆的最外围）主要从社会文化背景去思考视觉图像和多模态文本之间的关系[13]。

4. 认知负荷理论

认知负荷理论[14]是一个与复杂认知任务学习相关的模型，它是一个用来解释在解决问题过程中记忆资源负荷如何发生的模型，以及它如何影响学习。人们普遍认为，在认知负荷的极端情况下，表现会恶化。也就是说，负荷不足或过度负荷都会对学习产生负面影响。

认知负荷理论在设计学习环境时考虑了所有五种可能的感觉模式。具体而言，该理论认为，学生主要通过选择、组织和吸收新信息与现有知识，与语言和非语言信息的学习环境互动。该理论的四个原则是：①学习者通过不同的加工模式来加工不同的外部模式；②每种模式在工作记忆中的处理能力有限；③当新处理的信息被适当地选择、组织并与已有的知识相结合时，就会发生有意义的学习；④学习者对多模态环境的认知参与是由动机因素介导的。

认知负荷理论认为记忆由工作记忆（短期记忆）和长期记忆组成。工作记忆是一种有限的资源，而长期记忆的容量是无限的。在这个理论中，学习是一个增加或完善存储在工作记忆中的模式的过程。该理论还认为，当处理熟悉的材料时，工作记忆实际上变得无限，这些材料以前存储在长期记忆中，包含许多自动化程度不同的模式。自动化允许无意识地处理模式，从而绕过工作记忆容量限制。与认知负荷理论相关的知识体系导致了多模态原理的识别，允许管理工作记忆负荷。这些原则与视觉触觉模拟的设计相关，并已应用于触觉学习体验的设计。在触觉学习体验设计中实施的原则包括：①引导活动，通过让学生参与选择、组织和整合新信息，鼓励生成性认知加工；②反思过程，以促进新知识的意义创造和整合；③反馈机制，以减少不必要的处理，并为学生提供纠正错误观念的途径；④自我节奏控制，帮助学生处理较小的信息块；⑤预培训实践，以减少无关信息，并提供与传入信息相结合的预先相关技能或信息。引导活动与自我节奏一起实施，为学生提供一个自我节奏的教学模块，指导学生完成实验过程。反馈是通过触觉交互实现的。反思也嵌入到教学模块中，并促使学生记录他们的观察和推理，因为他们参与了学习经验。

5. 行为主义强化理论

行为主义强化理论代表人物斯金纳曾使用"斯金纳箱"对动物的某些行为采取激励措施，以达到某种行为的频率增强的效果，并把这样的措施称为强化[15]，即通过一定的强化物的刺激从而达到使某种目的行为频率增强的效果。行为主义关注人类行为中可观察到的变化。行为主义认为，行为的变化发生在对外部刺激的反应中，外部刺激可以被操纵来影响某种行为。

行为主义强化理论，如经典条件反射理论、联结主义和操作性条件反射理论，用不同的角度来研究这些刺激和行为之间的联系。行为主义者将阅读描述为一种由孤立的技能组成的行为，每一种技能都可以通过直接指导来加强，从而影响儿童的成绩。许多多模态教育软件程序在设计时都考虑了行为主义的原则，包括将复杂的任务分解成更小的部分，并为学习者提供即时反馈，以加强他们的积极行为。例如，在制作多模态绘本的过程中，在每一本绘本最后设置游戏题，用以检验儿童对绘本内容的掌握情况，当孩子答对后，会得到一个他们喜欢的小马宝莉的图标提示，并伴随语音"You are great！"，如果儿童没有做对，那就没有这个图标，因此儿童为了得到这个表扬，会不停尝试直至正确。这样的绘本设计理念其实就是来源于行为主义的强化理论，根据凭借物的不同，每一本绘本在制作时，所使用的奖励图标也会随着儿童的兴趣改变。

第二节　多模态信息技术在教育领域的应用

多模态信息技术在教育领域已得到了广泛应用。多模态信息技术可以通过高性价比的儿童可穿戴设备（如可以记录语音、肢体运动数据等的儿童手表），自动长期采集留守学前儿童的发展数据，不需人为观察，尤其无须父母报告，在数据分析阶段，经过对统计模型的训练，实现计算机自动评估，极大降低人为评估成本。国内外已有数项研究探索利用多模态信息技术对儿童语言和社会性发展进行评估。

一、多模态信息技术在教师教学中的应用

多模态信息技术已经在教师教学中得到了部分应用，多模态技术具有独特的优势，它能提供多种信息模式，并支持多种沟通模式，以供学习者参与多模态学习和教学。在本部分中，我们将重点介绍多模态信息技术在教师教学中的应用，如广泛使用的多模态电子交互式绘本、基于视频的多模态分析等。

1. 多模态电子交互式绘本

多模态技术在教师教学领域应用较多的是多模态电子交互式绘本，基于电子设备的交互式绘本是在平板电脑上进行操作的电子书，是信息技术在幼儿园教育中的运用，具有一定的新颖性和创造性。国外已有研究者通过大量实验证明基于电子设备的交互式绘本可以让3～6岁儿童使用，并且可以在一定程度上促进儿童的双语学习和提升幼儿语言思维能力。尤其在3～6岁这个语言发展的关键期，投入多模态电子绘本可以帮助儿童改善无效阅读的情况。有学者根据多个实验研究，得出了关于多模态绘本的特点如下：①有动画作为辅助可吸引儿童注意；②多模态绘本声画同步，通过丰富的按键可以让儿童点读、跟读、听读文本；③绘本操作过程中及时弹跳出来的单词解释可以巩固儿童的单词记忆；④多种功能模式阅读，尤其是儿童利用集成模式（听读、使用不同功能的按键、评论文本）和伙伴一起阅读，可以促进社会互动能力发展[16]。多模态电子交互式绘本中"读给我听"模式还能改善儿童的无效阅读情况，美国、土耳其等国家的幼儿园目前已经开始投入多模态电子绘本作为促进儿童双语学习的重要辅助工具。2018年4月，亚马逊推出了一款儿童版智能音箱Echo Dot Kids Ediyion。该音箱属于多模态人机交互，研究者目前将这套系统运用于儿童早期阅读领域，儿童通过自由点击、传输语言，只需轻点电子屏幕上的图文，视觉交互终端就能通过摄像头采集，并对内容进行定位、提取和识别，实时解决儿童在阅读中遇到的难题[17]。国内有研究者提出通过构建儿童绘本跨媒体阅读新模式，以期促进新时期儿童绘本阅读的良性健康发展[18]，黄肖铭通过版式风格、构图、角色造型、文字特征和色彩特征五个方面，设计APP儿童绘本，让儿童在观看电子绘本时通过视觉、听觉、触觉与电子绘本产生互动[19]。

国内的幼儿园在2022年也初步开始了利用多模态电子交互式绘本进行双语教学。例如，宋占美团队对某市某双语教育集团园旗下的4所幼儿园小班下阶段

的儿童开展多模态电子交互式绘本研究实验。幼儿园使用来自中国台湾的 Hama Star 科技软件"Simmagic 互动式电子书编辑软件",经授权,开发了基于园所的具体教学目标,包括主题目标、课程目标,结合幼儿现有操作水平的多模态电子交互式绘本。基于 Simmagic 互动式电子书编辑软件设计的多模态电子交互式绘本集成了六大功能。一是点读功能,儿童通过手指点击屏幕上的按钮,实现单词、句型点读,研究团队设计了"喇叭""蓝色小手"提示图标来引导儿童点击目标单词和句子。二是听说功能,儿童点击后可重复多次,也可以将自己的声音录下来听听自己的读音等。三是写画功能,儿童可以点击电子屏幕最下面一栏的"画笔"按键,随时随地涂涂写写,也可以做标记,如画圈、打星号等。四是体验感功能,研究团队编辑的音效全部来自真人真声,视频动画也是采用儿童熟悉的动画,让儿童感受到自然、真实的声音和熟悉的动画人物,从而喜欢探索多模态电子绘本。五是游戏功能,这里的游戏主要是"刮刮乐""连连看""打地鼠"等儿童喜爱且熟悉的游戏。研究团队不仅是为了让儿童玩乐,而且将重点词句、概念融入游戏中,让儿童在游戏中学习。六是测试功能,研究团队设计的测试题针对目标儿童的年龄段,设计了适合但高于儿童目前水平的测试题,如单词点选题、图片单词连线题等,这些测试题的作用体现在,可以帮助教育者掌握儿童的学习程度。该团队运用多模态技术,把静态的绘本创编成为集触摸、声音、图像、情境、操练于一体的多维立体动态交互游戏,让儿童在触、听、看、感、体、玩中建立音、形、意之间的链接,极大地提升了儿童阅读的能力和双语的思维[2]。多模态电子交互式绘本操作画面如图 2.1 所示。

出现三种颜色的鸟,该页面自动播放提示音"请把 blue bird 放回鸟笼",儿童根据听到的内容将正确答案连到右边的鸟笼,之后涂抹鸟笼上的"门",若出现一只蓝鸟,则表示儿童选对了。

点击喇叭按钮会自动说句子。"口罩"为涂抹物件,儿童会通过涂抹发现绘本中的小男孩吃不同的东西,会有不同的表情,从而理解到底是 Yummy(好吃)还是 Yucky(难吃)。

图 2.1　多模态电子交互式绘本操作画面

多模态电子交互式绘本在儿童绘本阅读中具有较高的价值。

第一，在点读绘本中促进认知能力发展。Neuman 在她的协同理论中提出，通过多媒体辅助来增强语言信息实际上可能有助于儿童新知识的获得，多媒体为他们提供处理新信息的新工具[20]。儿童的注意力也会被吸引到相关细节上，这就能促进他们对重要概念的理解[21]。Hillsdale 研究了学习荷兰语而不是英语的儿童，探讨了多媒体特征是否提高了幼儿园第二语言学习者的阅读进度。实验组的儿童在计算机上观看了一个故事书，除了向对照组展示的口头文字和静态图片外，还观看了变焦镜头和其他多媒体效果（如声音），以将儿童的注意力集中在重要的视觉细节上，实验组儿童的理解能力明显优于对照组儿童[22]。

第二，在同伴共读中促进社交能力发展。关于社会交往的问题，众多研究得出儿童的良性社交风格主要有两种：合作与平行。合作的社交风格有利于最后阅读集成模式的养成，平行的社交风格则会表现在儿童阅读初期的文本中心模式或者热点按键中心模式，这就证明了同伴阅读的必要性。国外研究者也发现，使用单一语言的儿童要花很长时间才能适应集成模式的阅读，这就表明了，如果想在中国普及英文原版电子绘本阅读，儿童的第二语言学习是必需的[23]。此外，实验研究发现，土耳其幼儿园的儿童会将英语作为第二语言学习，并且他们已经将英语学习纳入了自己的幼儿园课程体系中，接受过英语教育的儿童明显可以驾驭多模态电子绘本，儿童的伙伴互动阅读优势更能得到发挥，同伴阅读可以帮助儿童获得动态理解能力、换位思考能力、辩论能力、纠正错误信息能力[24]。

国外研究者通过让儿童进行多模态绘本同伴阅读，发现多模态电子交互式点读绘本可以促进儿童的语言学习和阅读习惯的养成，尤其是儿童会利用集成模式（听读、使用相关按键、评论文本）和伙伴一起阅读，在阅读过程中可以促进社会互动能力发展。此外，电子绘本会影响儿童的阅读模式，电子绘本通常有动画、热点按键、导航工具、排版和其他（返回、数据保留）这几个部分，每个部分的设置也是构成一本电子绘本特点的重要因素，如"动画"，不同的绘本有不同动画部分，可以是听读无动画模式、自动连播动画、手动点播动画、可自动可手动模式；再如"热点按键"，有无按键绘本，热点与故事线保持一致、热点与故事线不一致的绘本[25]。

第三，多模态交互式点读绘本可提高儿童绘本阅读效率。儿童常会进行无效阅读，最常见的是在阅读印刷书本时，常常只是乱翻书本而不知道故事的意义。国外研究者 Christine 在她的实验中，运用多模态电子交互式绘本，发现三种方式可以改善儿童的无效阅读，分别为"读给我听"模式、选取与故事有较强联系的热点事件和动画表现、指导阅读。不同语言也会对儿童阅读电子绘本产生影响。目前已有实验证明有一定英语基础的儿童更能够接受多模态的教学形式，而且多模态绘本故事可以帮助减少儿童的无效阅读，帮助儿童集中注意力。因此，我们可以总结到关于多模态电子绘本的功能与作用，体现在注意力、概念、词汇理解方面。

第四，多模态点读绘本对儿童阅读模式有潜移默化的影响。关于电子文本是如何影响儿童的阅读模式的，通过对国外已有多模态电子绘本进行研究，可以总结出以下几个关键点：①动画可以起到吸引儿童注意力的作用，但是有时也会起到反作用，如果该动画与故事内容没有多大关系，则不利于儿童对故事的理解，所以，无关的、多余的动画设计属于画蛇添足；②导航工具即菜单一栏具有顺序翻页、回看、收藏喜爱页、搜索功能、画笔功能，儿童如果不按顺序看电子绘本则会影响对故事的理解；③提示按钮有利于及时单词的习得，尤其可以帮助儿童第二语言的习得，作为阅读最高模式——集成模式，儿童达到这种模式需要将近半年的时间。研究者分别在 27 对美国儿童和 28 对土耳其儿童身上进行了实验，研究性别、语言、社会交往方式对同伴阅读的影响，得出重要的结论：单语美国儿童要花很长时间才能适应集成模式，这表明儿童的第二语言学习是必不可少的[26]。儿童在一开始接触电子文本时，常常以文本为中心或者以提示按键为中心，关注动画为主，通过长期的同伴阅读、教师指导，才会使用集成模式来阅读，并得到较好的发展效果。研究也发现，如果儿童总是以一种模式阅读文本，如果只关注动画或只听，那么与电子绘本的故事性互动就会非常少。众多儿童性别研究表明，在不同的国家，不同性别的儿童进行互动的情况也不同，以土耳其的某幼儿园儿童为例，同性别的儿童比较容易产生轮流、分享、合作等互动行为，异性别的则会对立，且同性别的儿童会遵守规则，阅读常使用集成模式；比较美国某幼儿园的被试儿童，他们没有性别差异，所以不需要遵守规则[27]。

2. 基于视频的多模态分析

Davidsen 等开展的"移动和学习"项目旨在探索触摸屏如何支持课堂环境中儿童之间的协作、互动和实验形式的学习[28]。总的来说，这个项目的特点是拉近教师与研究者之间的关系和采用多模态技术方法，以调查儿童在学习方面的协作活动是如何展开的。此项目中多模态信息技术在三个方面发挥作用：①作为儿童协作学习的工具；②作为研究人员收集、分析和展示数据的工具；③利用基于视频的多模态分析作为促进教师理解其实践的工具。此处着重介绍基于视频的多模态分析如何作为一种工具使教师更加理解自己的实践。

作为总体目标，项目研究人员试图与教师建立密切的关系，这可以被称为研究人员和教师之间的共同学习协议，其基本意图是发展对将触摸屏作为儿童合作学习工具所涉及的潜力和挑战的相互理解。教师领导整个探索，而研究人员从侧面跟随项目的过程。视频片段是研究项目中分析的主要数据，但为了对这些数据进行三角测量，还使用了一些补充的数据收集方法，包括课堂观察，与教师、儿童和家长进行访谈和非正式对话，以及与老师的视频反馈会议。教师和研究人员在一个共享的网页上记录了所有重大事件的时间轴。例如，教师记录了学习主题或其他事件；教师休产假，代课教师的存在和任何外人的访问；当一名教师生病并被替换了一周，在这之后的一段时间里，儿童比平时更爱捣乱。在这种情况下，具有时间轴日志的共享网页提供了上下文和历史信息，可以支持对特定时期的剪辑进行分析。教师们还在一个公共博客上发表了他们对参与这个项目的积极和消极经历的反思。

在视频反馈环节中，教师和研究人员在其中一间教室见面，一起观看视频剪辑和多模态成绩单。这些都是至关重要的活动，因为它们促进了相互学习和对话，在转录微观层面的互动的基础上进行教学实践。视频反馈会议也被软件记录和转录，通常持续 2 小时，以简短的介绍开始。研究人员根据数据准备了 2～4 个 5 分钟的视频片段。研究人员首先向教师展示没有成绩单的视频片段，以观察他们对儿童的活动的自发反应。在第一次观看后，教师们分析了视频片段，并讨论了儿童是如何参与协作活动的，在讨论完视频片段后，分发了成绩单，教师们再次观看了视频。重复的观看增加了"以前看不见的现象变得明显，行为者行为中越来越深的规律性秩序显现出来"的可能性。这些视频反馈会议允许研究人员和教师在分析视频数据的过程中充当叙述者和翻译，从本质上讲，向教师们展示儿童与触摸屏互动的短视频剪辑，为他们的日常练习提供了一个新的视角。这种方法是创新的，因为教师参与了与学习相关的微互动视频材料的分析，这些互动可能是他们在课堂环境中没有意识到的信息过载。这种微观层面的数据对于发展理论思想很重要，因为它阐明了对儿童学习至关重要的微妙过程。视频反馈会议为教师提供了继续在课堂上收集视频片段的理由和动机，因为他们清楚地知道，这些视频片段可以指导他们的实践。这些会议还为教师和研究人员提供了构建教学理念的机会，并认识到使用触摸屏作为儿童协作学习工具的潜力和挑战。

二、多模态信息技术在儿童发展与学习中的应用

多模态信息技术由支持学习者多模态意义的技术和工具组成。它们不仅限于数字技术或工具，还包括其他传统工具。多模态技术具有独特的优势，它能提供多种信息模式，并支持多种沟通模式，以供学习者参与多模态学习和教学。在本部分中，我们将重点介绍多模态信息技术在儿童教育中的应用，如交互式应用书籍、数码游戏、机器学习等。

1. 交互式应用书籍

在儿童教育中，智能手机或平板电脑等移动数字设备及其相关应用是很受欢迎的，而且这种趋势正在迅速增长[29]。同样，在美国，98%的 8 岁或以下的家庭都在使用移动设备，报告显示 84%的儿童经常使用这些移动设备。在儿童教育环境中，甚至在美国城市、低收入和少数民族社区，也观察到类似的趋势。现有关

于儿童使用智能手机和平板电脑的研究表明，它所带来的技术挑战其实很少，因此，儿童可以很快成为热情的用户[30]。触摸屏平板电脑的直观界面，安装新应用程序的方便性，日益增加的便携性和自主性使其受到越来越多儿童的喜爱[31]。基于移动技术，智能手机或平板电脑的应用程序提供了无限的可能性。在 2011 年 6 个月期间，古德温和海菲尔德在 iTunes 的"十大教育应用"（$n=240$）中，根据其教学设计特点对应用进行了系统分析：教学、可操作和建设性。

从多模态视角来看，iPad 或平板电脑的交互式应用书籍是多模态的最佳代表。它们与传统儿童印刷书籍大不相同[32]。它们能呈现交互式多模态信息，如文本、插图、自动动画和热点，这些信息通过触摸或按触摸屏来生成声音和动画。因此，对于尚未解码文本或刚刚开始学习解码文本的儿童来说，它们很容易获得知识和互动。例如，在《颤抖的鲨鱼》一书中，儿童可以按动螃蟹来激活一个热点，该热点显示螃蟹在"快速逃跑"的同时显示单词"scuttle"来激活它再次大声朗读。印刷书籍提供多模式信息（即文字和插图），但它们是静态的（即无声音或动画）。因此，它们的处理没有交互式数字文本那么复杂，这是因为交互式数字文本包括更多的有意义模式和与这些模式进行交互的途径。

2. 数码游戏

在儿童教育领域，游戏和技术往往被视为相互对立的两个极端[33]。游戏被视为"真实的"，被狭义地定义为与自然材料的接触，让同龄人或成年人参与的对现实世界的模拟；技术则与虚拟世界相连，运用技术进行玩耍的游戏就一直显得不那么真实。因此，许多学者主张超越这种游戏观的二分法，并将参与多模态技术视为一种独特的游戏方式[34]。换句话说，在这个数字时代，传统游戏（假装游戏、建筑游戏）的性质需要重新考虑，因为后工业社会已经转向融合游戏，即包括流行文化产物和文本（包括数字媒体）的综合性游戏。融合游戏的概念可将物理世界和现实生活中传统游戏的实践与虚拟世界中游戏的实践联系在一起，将主题和内容融合在一起。因此，传统游戏与融合游戏不应被视为对立的，二者其实是相互关联的。鉴于融合游戏也可以像传统游戏一样带来想象力，因此也不应再将传统游戏视为最高质量的游戏形式。儿童完全有可能通过数码游戏来建构、重构和表现自我认同，并学习如何与数字世界中的其他人互动。

相应地，学者们也尝试用不同的术语来描述这些新的概念，如数码游戏、网络映射、融合游戏。我们认为"数码游戏"的概念更为全面，因而采用这一术语。数码游戏有各种不同的形式，其中一个关键特征是这种游戏的融合性质，即儿童不只是将传统游戏形式从模拟世界转移到数字世界，相反，他们发明了新的游戏形式，植根于传统游戏和他们的生活与流行文化，同时充分利用了多模态技术和数字媒体的独特的直观功能[35]。Marsh 和她的同事根据休斯的理论框架划分出 16 种不同的数码游戏，包括符号游戏、打闹游戏、社会性游戏、社交游戏、创意游戏、沟通游戏、戏剧游戏、机车游戏、深度游戏、探索性游戏、幻想性游戏、想象性游戏、精通性游戏、操作游戏、角色性游戏和复演游戏。Marsh 等[36] 也将"数字社会游戏"定义为在数字环境中基于个人经历在现实生活场景的一种复制（如过家家、逛街），即可以通过使用电子化身来进行，也可以通过屏幕中的虚拟角色参与来实现。

采用数码游戏这一概念并对其进行深入研究和尝试，会彻底改善教师的教学实践。例如，有学者对幼师进行了个案研究[37]，要求幼师观察儿童数码游戏并将其纳入课堂活动。该学者发现数码游戏的概念显著影响了教师的课程实践，数码游戏帮助教师将技术、数字媒体和流行文化融入儿童游戏经验中。

3. 性能分析

性能分析包括关于儿童表现的数据和他们学习的数量的乘积，包括完成时间、其他任务成绩、任务解决的速度、尝试或失败的次数和问题解决过程的复杂程度[38]。此外，Roberts 等[39] 的研究将准确度衡量为正确答案和随机答案之间的比率，并且根据熟练程度对每个游戏进行评估。虽然这些数据本身是有限的，但它们在提供关于儿童研究中更复杂的多元构念的信息方面是有用的。例如，儿童花在玩耍上的时间可能是参与度的线索，以及其他行为线索。性能分析还有一个好处，那就是它不会干扰儿童的游戏，因为这些数据通常是与儿童互动的设备自动收集的，而且产生的大量数据也是由计算机自动处理的。

4. 机器学习

儿童的动作可以用广角镜头记录下来[40]，采用 360° 视角多摄像头系统或在计算机屏幕上安装网络摄像头来自动分析学习过程中产生的情绪。Spikol 和他的同事计算了参与者之间的距离（用前置摄像头记录），并将其代表合作水平。同时，在儿童与移动设备（如平板电脑）进行交互时，触摸屏活动的流媒体屏幕日志上发生的情况可以被录像并进行分析[41]。

自动语音识别系统仅在少数情况下应用于儿童，结果非常有限。Kokku 等认为，儿童的语音识别是 2020 年英国教育研究协会长期缺失的一项特征，因此有必要进行重大改进，包括用于训练语音模型的语音数据收集。同样，有研究者观察到，识别系统对妇女和儿童的讲话产生了分类错误，并发现儿童的声音很难用机器分析，因为他们的声音特征还没有完全发展。此外，部分研究人员强调了在自然环境（如教室）中使用集成麦克风时的环境噪声问题，这也是一些研究人员试图让儿童戴上耳机的原因[42]。6 岁以下儿童在玩耍时的讲话和私人讲话给研究人员的思考提供了有益的线索，这一事实使其对教育研究者非常有用。在儿童研究中使用自动语音识别系统是有前途的。

5. 眼球追踪

眼球追踪设备提供的信息可以推断研究参与者的兴趣水平、参与程度、偏好或理解。眼球追踪数据的收集有几种选择，如眼跳幅度和方向变化、注视等，如 Tobii 眼球追踪眼镜（图 2.2）。Papav-

图 2.2 Tobii 眼球追踪眼镜

lasopoulou 等[43]对 8 岁儿童的研究使用了 Tobii 眼球追踪眼镜。

如图 2.3 所示，Tobii 变体连接到移动设备支架上，为了正确收集数据，平板电脑和玩家都必须保持静止。眼球追踪可以提供非常有用和准确的信息，但是为了最大化这项技术的感知效果，参与者的年龄是一个需要考虑的变量。8～12 岁的儿童经常移动并且眼镜有刺激性，删除一些时间的数据，导致很难收集高质量的数据。Pereira 等[44]用一个自制的头戴式相机（图 2.4）来研究儿童的注意力过程，但这似乎也具有随机性。

在侵入性较低的技术出现之前，必须采

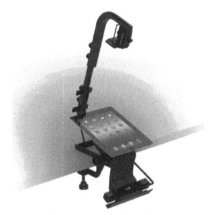

图 2.3 Tobii 移动设备

用其他的战略和信息来源。Raca 等[45]通过摄像机系统来研究注意力，而不是通过眼球追踪或腕带来测量学生听讲座时的反应时间。由此观察到，注意力不集中的学生比注意力集中的学生反应晚。显然，在这种情况下，信息的准确性和数量无法与眼球追踪或动力学分析所提供的信息相比，但这也是一种从其他学生的反应中推断注意力的尝试。

6. 动力学分析

学生的位置和手势识别（如手和手腕的运动）通常是使用基于运动的技术和他们佩戴的移动或红外摄像机来研究的。从分析的文献中可

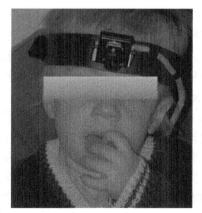

图 2.4 自制头戴式相机

知，运动和手势运动是使用 Kinect 来研究的，Kinect 是微软生产的一系列设备，即使用骨骼跟踪和可穿戴基准标记来记录手势。因此，根据 Kosmas 等[46]的说法，与这些设备相关的分析被称为动力学分析。

Kinect 系统提供了一套非常有限的游戏（称为 Kinems 套件），其中的一些被用于几个 MMLA（Multimodal Learning Analytics，多模态学习分析）研究中[47]。此外，Kourakli 和同事进行了一项研究，包括 20 名 6～11 岁有特殊教育需求的希腊儿童，结论是与 Kinems 游戏互动的 Kinect 用户必须是高功能的。这就限制了探索身体参与学习过程的潜力的应用研究。克服这一限制应是优先事项，因为具体化学习是儿童教育的中心部分。

7. 生物识别数据传感器

许多儿童佩戴的传感器被用来收集生物特征数据。在一些研究中，这些传感器使用电缆连接到笔记本电脑或迷你电脑上[48]。常见的生物识别数据传感器有无线腕带，它可以收集心率、皮肤电活动和温度等相关数据[49]。Rudovic 等在 35 名 3～13 岁诊断为自闭症谱系障碍的儿童的非显性手腕上放置了生物识别腕带，证明了其在研究情感和参与方面的可行性和有效性。然而，只有 73%的孩子想戴上腕带。虽然无线手环可能比其他设备（如用于眼球追踪的眼镜）的侵入性更小，但儿童是否同意佩戴这些设备还取决于参与者的年龄、研究背景和熟悉阶段。

8. 由人类研究人员编码的数据

大多数学者得出的一个结论是，数据应该由人和机器以互补的方式收集。研究人员正试图将机器的极限推向目前人类独有的能力，比如那些用于情绪分析的能力。然而，根据这些学者的说法，当涉及解决复杂问题时，由机器和人执行的任务通常是并行执行的，这种互补性被证明非常有效。Rudovic 等的研究是 MMLA 的一个例子，其中机器人与 5 名人类专家一起，在录制的视频中评估学生的参与度和影响，然后评估与机器人齐性。这不是一个孤立的案例，通常是人类编码人员分析游戏视频，然后研究人员比较、验证或补充人类编码人员与机器人的计算结果[50]。从这个意义上说，人类研究人员通过结构化视频观察编码的定量数据是 MMLA 数据集的一部分。

Spikol 和同事给孩子们提供了一个带有两个"情绪按钮"（云或太阳）的物理设备，能够在孩子们执行特定任务时评估他们的情绪状态。在其他学者[51]的研究中，7 岁和 8 岁以上的孩子选择使用李克特量表进行自我评价，使用表情符号而不是数字。一些研究者选择混合设计来综合或验证 MMLA 的结果，包括定性方法，如与教师、儿童或家长的半结构化访谈或教师在课堂上直接观察。至少在 MMLA 研究拥有适合 6 岁以下儿童的标准化工具之前，MMLA 的监督选项似乎是最有效的，也是获得高质量数据最广泛认可的方法。

许多研究者强调了在这个新的研究领域采用多学科方法的必要性。为了改善对儿童的 MMLA 研究，还需要系统工程、计算机科学、通信和信息技术及教育和发展心理学领域的共同研究。

第三节　多模态信息技术促进儿童的发展

多模态信息技术可以有效促进儿童的发展。多模态信息技术在各国处境不利儿童的教育促进项目中已得到不同程度运用。美国的 IBM 儿童智能早期学习项目将多模态技术整合到幼儿园课程中，创造新型的交互式教学模式，利用儿童电脑及配套的教育软件等对开端计划儿童进行干预，结果显示儿童的语言和数学能力均有提升；新西兰在"Digital Horizons：Learning Though ICT（数字视野：通过信息通信技术学习）"计划中设教育辅助软件，用于处境不利儿童；印度贫困地区通过低成本太阳能平板电脑和配套教育资源，改善贫民窟儿童的阅读和数学学习，这些尝试都被证实取得了较好社会效果。本节将从社会层面和认知层面分别介绍多模态信息技术对儿童发展的促进作用。

一、社会层面

1. 社交和沟通技能发展

计算机可以促进积极的社会互动和情感增长。教育中的计算机不会孤立儿童，正好相反，计算机可以成为促进儿童积极社会互动的催化剂。举个例子，儿童在计算机前花的时间是在玩拼图游戏时与同龄人交谈的 9 倍[52]。其他研究也表明，它们相互作用的本质往往是积极的。有了计算机，新的友谊就建立起来了，有更大和更自发的同伴教学和帮助。同样，有研究发现学龄前残疾儿童参与计算机活动有助于其和正常发育的同龄人之间的社会互动。一项历时多年的大规模研究，从每一个资料来源的访谈、观察资料和发展测量的分数中得出结论，研究中 44 名 3～5 岁的特殊需要儿童，每个人都从他们使用计算机的工作中获得了相当大且显著的社交情绪发展。发展的定量测量显示，一旦加入该计划，儿童在社交情绪发展方面每月平均增长不到半个月。在参与这个项目的过程中，儿童的平均进步速度为每月 1.93 个月。

事实上，技术通过各种方式促进儿童的社会发展[53]。在发展中国家的学校或农村中观察到的计算机使用的一个显著特点是儿童和计算机在数量上不均衡。5 个以上的儿童挤在一个显示器前并不罕见，因为学校很少有资金为每个儿童提供一台计算机。一个儿童控制鼠标，而其他儿童是被动的旁观者，无法操作控制计算机。由此，学习效果似乎主要体现在有鼠标的儿童身上，而其他儿童则没有。为了打破这种局面，为儿童提供更好的技术支持，可使用单显示器群件（single display groupware，SDG），同一位置的用户通过一台多点或多鼠标技术[54]的单独计算机进行协作，每个用户使用自己的鼠标，但共享公共显示器，SDG 为每个在显示器前的儿童提供一个单独的鼠标，以及对应于每个鼠标的单独屏幕光标，以不同的颜色来区分游标并用。

SDG 从一开始就被运用到电子游戏中。两个或两个以上的用户，每个人都有自己的操纵杆连接到一个单独的控制台，共享他们互动的同一个屏幕。从计算机支持的协作学习（computer supported cooperative learning，CSCL）的角度来看，SDG 提供了一个机会来改进对现有协作工作形式的支持，通过一个无处不在的渠道引入计算能力。多个同处一地的人，他们自己的输入设备，并在一个公共显示器上同时交互，因此增加了每个儿童计算机的交互量，只需要几个额外的鼠标，这对发展中国家的学校极具吸引力。

分享的必要性可以促进儿童之间的交流。物理上将儿童分开，让他们单独在计算机上工作，往往会阻碍交流。相反，多名儿童在一台计算机周围协作的环境提供了独特的互动，可以提高学生的成绩和对任务的态度。在这种情境中，为了共同努力，儿童必须说出他们的想法，因此强化了学习过程。在使用 SDG 过程中，儿童通过协作立即理解了多个鼠标和光标的概念，不会被屏幕上的多个鼠标所迷惑，而且在整个过程中鼠标始终处于参与状态。有证据表明，使用多种输入设备可以提高动机、任务完成的有效性（通过并行或合作工作）、活动的公平性和任务的时间。

研究者在幼儿园开展了一种 SDG 视频游戏应用程序——角色游戏的实验，角色游戏是一种计算机支持的协作学习视频游戏，其灵感来自游戏机，该游戏要求三个儿童坐在同一台机器前，共享一个屏幕，每个人都有自己的输入设备。角色游戏的灵感来自游戏机游戏，让儿童在实践中学习，获得社交能力，并在协作环境中掌握主题。在描述了系统的趣味性和游戏结构后，他们提出了一个在幼儿园环境下进行的实验，并对其结果进行了可用性分析。结论是，一个用于学习应用程序（如角色游戏）的控制台视频游戏很容易被尚未学会阅读或操作计算机的 6 岁儿童操作。专门为学习而设计的控制台多人游戏是课堂协作工作的强大设备，同时保持其对玩家的吸引力。它们符合使学习软件与学校课程保持一致的需要，创造了一个社会技术环境，支持教育环境中的元设计和社会创造力[53]。

研究提出，教育计算机游戏应具有如下特征：①具有相关性、探索性、情感性、参与性，并包含复杂的挑战；②支持真实学习活动，设计为叙事社交空间，通过探索多重表现和重新转换，使学习者得到转化；③包容性别，包括非对抗性结果，并提供适当的榜样；④通过计算机调解通信工具支持的对话发展民主和社会资本；⑤包括挑战、谜题或任务，这些挑战、谜题或任务构成了学习过程的核心，其中获得明确知识、对话和反思会导致隐性知识的构建。

2. 合作中的创造性发展

Hsin 等在最近的系统综述中发现技术对儿童在各个领域里的发展都有积极影响，特别是在社会情感领域。大多数研究表明，技术加强了儿童与他人的合作和互动，并促进了他们的多元文化意识。他们认为，儿童使用技术进行学习取决于几个因素，可以划分为儿童（年龄、积极参与、规则）、成人（指导和鹰架）和技术（发展适宜性）三大块。他们的综述带来一个重要启发：虽然大多数研究将儿童视为技术的消费者，但他们作为创造者的角色也值得更多的关注和研究。

Mcpake 等[55]的研究关注到美国一个擅长拍照的 8 岁男孩，他和 5 岁的弟弟在给澳大利亚的亲戚打视频电话时，会发送照片和表情符号。研究人员指出，这个男孩学会了以视觉上有意义和吸引人的方式发展故事情节，开始发展创造新的和有价值的叙述技能。O'Mara 和 Laidlaw[56]的研究指出，儿童能够创造由音频叙述、图片、视频剪辑、数字绘图和文本组成的多模态故事。此外，他们有能力将内容从一种模式（符号系统）转换为另一种模式，以理解多模式文本并与之交流。有学者[57]指出，这种转化过程被称为中介转化，这一结论被 8 岁的儿童证实。在她们的研究中，儿童把文字翻译成图像，把图画翻译成电影，还把手写的漫画变成了数字在线漫画。

无数研究表明，当儿童成为学习的创造者时，这些技术可以被用作指导儿童的工具。例如，平板电脑、数码相机或录音机、计算机程序等都是儿童表达和交流思想或与家庭成员进行社会互动的工具。随着各种技术在家庭和学校的日益普及，通过使用这些技术工具来促进儿童的学习将是一个很好的机会。此外，Fessakis 和他的同事采用的基于标识的编程环境——瓢虫叶子和瓢虫迷宫展示了一个使用技术作为指导的例子。在这个编程环境中，儿童可以修改程序或创建新的程序来引导瓢虫（软件中的角色）穿过叶子。研究者们认为，通过使用技术作为指导，儿童可以更深入地学习，更多地了解学习过程，并将他们的经验与学习主体的基本概念联系起来。

在计算机上工作可以激发新的合作实例和形式，如帮助或指导、讨论和建立彼此的想法。在一项研究中，计算机增加了参与的新维度——二元同伴互动。在这项研究中，儿童发展出不同的社会关系感，并通过互相帮助和合作来解决问题和完成任务。这些互动促进了他们的学习和理解，因为在向同伴解释问题的过程中，儿童也重构了自己的理解。

有研究者认为增加一个计算机中心并不会干扰正在进行的游戏，反而能促进广泛的、积极的社会互动、合作和帮助行为。在学前班的教室里，计算机中心能创造出一种积极的氛围，其特点是对同辈的赞扬和鼓励。在正常的学前环境中，计算机活动在刺激发声方面比玩具更有效，也能激发更高水平的社交游戏。

来自城市贫困人口的 4～5 岁的儿童，在计算机上一起学习时，会要求其他人加入，互相寻求帮助，并寻求教师的认可。一位教师研究员说，那些独立、自我中心的孩子们通过计算机学会了与同龄人合作和解决问题。他们在计算机上的合作游戏与街区中心的合作游戏比例相平行。此外，在计算机中心的合作有时提供了一个环境，以启动和维持互动，且可以转移到其他领域的游戏中，特别是对男孩。

3. 社会情感——自尊

Hatzigianni 等对澳大利亚 52 名年龄在 3～6 岁的儿童进行了研究[58]，以探讨计算机使用与计算机自尊之间是否存在关系，并描述了识别计算机自尊的工具的发展和使用。调查结果显示，使用计算机可增强计算机自尊心，特别是对于在家庭、学前班使用计算机的儿童。

越来越多的证据支持儿童早期使用计算机[59]，并且可以通过使用计算机来促进儿童的一些特征发展。这些特征包括对兴趣的探索、动机、团队合作、自主、独立、真诚的赞扬、耐心和尊重、提供选择和鼓励决策，以及其他所有与积极的自尊有关的特征。技术为儿童提供了一个探索和发现的新空间，提供了具有挑战性的活动，并对儿童的好奇心作出反应。有了支持学习的潜力，教育工作者应该利用儿童对计算机的巨大兴趣，用必要的行动和资源来支持它。与小群体的儿童一起使用计算机可以鼓励团队合作和协作，因此有助于形成积极的同伴关系。

当使用计算机时，儿童觉得他们是在模仿成年人，特别是那些对他们重要的人。当儿童展示那些成年人可以做的事情并获得成就感时，他们会得到赞赏和赞扬，并因此感到自豪。

计算机还将控制权和责任交给儿童，让他们去完成自己选择的任务。儿童觉得他们有权操作机器和计算机，如果不成功，机器和计算机也不会批评他们的错误。相反，计算机会尊重他们的学习速度，非常有耐心，会给儿童提供足够的时间去思考和回答问题。这种方式提高了学习的自主性和独立性，也给儿童提供直接的结果，他们几乎是第一时间就能检查自己的成绩。

二、认知层面

1. 认知发展

如果使用得当，技术和媒体可以促进儿童的认知发展。科技和媒体为儿童提供了扩展学习的机会，就像其他材料一样，如积木、艺术材料、游戏材料、书籍和写作材料。屏幕媒体可以让儿童接触动物、物体、人、风景、活动和他们无法亲身体验的事物。技术还可以帮助儿童通过图像、故事和声音来保存、记录、重温和分享他们的真实经历。积极、适当地使用技术和媒体可以以有价值的方式支持和扩展传统材料。研究指出，技术在儿童的学习和发展中，对认知和社会能力发展都有积极的影响[60]。

Logo（一种计算机软件）是一种促进合作的开放式项目，是目标设定、计划、谈判和冲突解决的模式。研究人员观察到，95%的儿童在使用 Logo 的时候说话都与他们的学习生活有关。此外，与其他中心相比，计算机中心能够产生更高级的认知游戏类型。一项研究表明，使用计算机是唯一能同时促进语言发展和合作游戏的活动。研究发现，与 Logo 合作可以同时增加亲社会和高阶思维行为。因此，计算机可能代表了一种环境，在这种环境中，认知和社会互动同时得到鼓励，两者都对对方有利。Subrahmanyama 及其同事[61]发现，计算机可以提高儿童的视觉智能技能，如在三维空间中读取可视化图像并同时跟踪多个图像的能力。社会调解的认知发展——维果茨基的社会调解认知发展理论已经应用于儿童使用计算机中。在这个理论中，计算机本身充当着脚手架代理的角色，随着儿童的学习能力提高和成长，提供越来越复杂的帮助。

2. 元认知发展

有研究调查了 3 岁和 4 岁的儿童在家庭、托儿所接触一系列印刷和数字技术时的识字情况。这项研究超越了对口语的分析，通过对儿童在不同媒体中体验识字时如何使用多种交际模式的详细分析，更全面地了解识字的学习过程。这些经验是元认知发展的基础，对于儿童在未来发展策略性行动的能力至关重要。这项研究以识字作为社会实践的概念为基础，讨论了新技术的出现如何为儿童识字学习引入新的维度。

对于新读写能力研究（new literacy studies，NLS）领域的研究人员来说，读写能力是与身份和存在概念相联系的知识。从这个观点来看，有读写能力的个人能够读懂社会情况，并理解有效参与特定实践需要什么。Lonsdale 和 Mccurry[62]强调了批判性思维在赋予个人能力方面的作用，并提出某些技能可能被认为是所有环境下的通用技能，包括信息素养技能、批判性思维、阅读、写作和听力。这些观点与 Wells 描述的文学思维相一致，这种思维涉及与阅读和写作相关的心理策略，但植根于特定类型的口语或语言，以明确性、连通性、合理性和相关性为特征。当发展交互需要时，语言被有意地用作思考的工具，这对幼儿教师的影响是显而易见的。为了帮助儿童在不同领域发展语言和读写能力，教育工作者需要帮助他们建立联系，并批判性地反思读写的目的。

如果没有深入理解这种调解工具或人工工具的过程和意义创造的潜力，其有用性可能仍未开发。这种"元层面"知识来源于个人作为社会活动参与者的经历。儿童识字学习成功的关键是学习环境的性质、可用的人力和物质资源，以及调节这些经验的各种教学互动。

第四节　多模态信息技术应用于幼教中面临的挑战及解决策略

家长和教育工作者往往有很多关于儿童在家里玩计算机和其他科技产品的问题，他们很难知道什么对儿童最好。有些人会告诉你，儿童对技术有亲和力，这种技术在他们未来的生活中是有价值的。另一些人则认为，当儿童可以在外面玩或看书时，他们不应该玩科技游戏。许多媒体探讨了儿童在越来越小的年龄接触计算机和其他数字媒体的利与弊。本节将介绍媒体、家长和教育工作者对多模态信息技术的不同观点及评论，并对目前多模态信息技术应用于幼教中面临的挑战和解决策略予以深度讨论。

一、家长和教育工作者对多模态信息技术的不同态度

1. 童年和科技不应该混在一起

有研究者认为童年应该是天真无邪和尽情玩耍的时光，而科技使他们失去阅读的乐趣，导致儿童缺乏社交技能和情感发展，并损害他们的身心健康[63]。科技被认为对学龄前儿童有不利的影响，由于学龄前儿童的认知能力和社交能力仍在发展，因此建议学龄前儿童不要过早接触计算机或电视，因为这对他们当下和以后的生活都是有害的。

研究发现，不同家庭的儿童对科技产品的体验差异很大：尽管几乎所有的儿童都看电视和数字通用光盘（DVD），但他们对诸如玩视频游戏、上网、玩互动玩偶和养宠物等活动的热情有所不同。儿童表达了自己的游戏偏好：有些儿童热衷于玩这些设备，但有些儿童很少玩这些设备或对这些设备没有兴趣[64]。

家长认为让年幼的儿童在以科技为基础的活动与更传统的游戏、书籍和户外活动之间取得平衡是非常重要的。尽管一些人担心手机会危害健康，还有一些人担心儿童很容易对电子游戏上瘾，但大多数父母认为他们已经为自己的孩子找到了很好的平衡。我们也没有从父母那里找到证据来支持儿童的科技体验对他们的行为、健康或学习有不利影响的观点。

2. 年幼的儿童是"数字原生代"

虽然有些人说技术是有害的，但是也有人说当代的儿童和技术之间有一种天然的联系。有许多家长和学龄前教育工作者告诉我们，3 岁和 4 岁的儿童比他们自己更了解科技。"数字原生代"一词的广泛使用反映了这种现象。根据 Prensky 的观点，那些伴随着科技成长并对使用它感到舒适的人是"数字原生代"。他们与所谓的"数字移民"形成对比，如他们的父母和老师。虽然这些移民已经学会了在生活中使用技术并在一定程度上适应他们的技术环境，但他们并没有完全融入。"数字移民"可以做他们需要做的事情，但这不是自然而然就能做到的。

虽然有些儿童对科技的掌握能力令人惊讶，但是观察显示，许多这个年龄的儿童并不是"数字原生代"。他们可能会感到有些不知所措，至少一开始是这样。对于那些最初被设计成供成人用于工作场所的计算机来说，这一点尤其明显。在平板电脑出现之前，计算机的基本设计几十年来几乎没有什么变化：尽管它们的内部处理变得更快、更强大，但大多数计算机的外设仍由垂直屏幕、鼠标或触控板和键盘组成。在传统计算机上，阅读和书写文本仍然是主要的交互模式，这对

识字能力刚刚出现的学龄前儿童来说是一个潜在的挑战。当被问到这个问题时，儿童有时会告诉我们使用计算机很困难，我们也观察到他们一开始对游戏机和笔记本电脑上的任务很胆怯。

互动并不像"数字原生代"所说的那样自然，因为三四岁的儿童面对不熟悉的网站或游戏时，还没有学会界面设计的惯例。事实上，"数字原生代"这个词被创造来指代大学生，最初并没有打算将其用于学龄前儿童。我们发现儿童需要引导互动的支持，直到他们熟悉到可以独立使用为止。这种支持不仅仅是向儿童展示如何使用特定的设备。虽然家长有时会提供有目的的直接指导。例如，告诉儿童该使用遥控器上的哪个按钮，或者如何向下滚动页面，但他们提供的大部分支持都是无意的。家长们通过表现出兴趣、问问题或提出建议来引导互动。当我们问及他们的孩子是如何学会用科技做事的，家长们回答说他们只是学来的，即儿童通过观察和模仿别人来学习。在这些案例中，所谓的"数字原生代"正在向家长和教育者学习，这些家长和教育者被定位为"数字移民"，这表明这个术语对儿童来说并不完全准确。

3. 技术阻碍社会互动

许多人担心，科技的诱惑已经导致儿童与家庭成员缺乏互动，无法培养他们在学校和以后的生活中所需要的沟通技巧。休闲科技对家庭的渗透被视为一个关键因素，也导致观看电视和玩主机游戏的人数增加。由于工作繁忙，许多父母在家时都感到疲惫不堪，因此他们认为"电子保姆"是一个很有吸引力的选择。

研究表明，这种视觉不适用于 3 岁和 4 岁的儿童。在访问过的一些家庭中，电视通常是开着的，但孩子们却很擅长忽视它。到了这个年龄，儿童已经有了自己喜欢的节目、电视连续剧和电影，他们喜欢反复观看，且经常穿插在其他活动中。例如，他们选择与节目或电影相关的玩具，并以与屏幕上的动作相关的方式玩这些玩具，或者装扮成角色并表演场景。当父母或兄弟姐妹也观看这些节目时，这些节目就成了大家分享的经历，可以在其他时间讨论或重演[65]。通过这种方式，数字媒体可以为关于世界的问题及他们自己的叙述和富有想象力的反应的发展提供刺激。

手机、电子邮件、社交网站、网络摄像头和数码相机彻底改变了儿童对远距离和远程交流的体验，促使他们比过去更早地解决观众的问题。在适当的支持下，数字媒体可以跨越时间和距离打开沟通的渠道，并为儿童沟通技能的发展提供新的和有趣的可能性。这表明，经过深思熟虑，科技可以加强而不是阻碍社会互动。

4. 科技主宰着儿童的生活

许多人认为，科技主宰了儿童的生活，导致他们没有得到足够的锻炼，也没有足够的时间玩耍。然而，研究表明，科技对这个年龄段孩子日常生活的影响并不像它所暗示的那样大。

有研究者做了一个研究，在三个不同的星期六，家长用手机多次给研究者发送图片信息和简短的文字以描述他们儿童的活动。对 200 条短信的分析表明，超过三分之一的被记录的活动，如探亲和参加体育赛事，都发生在离家以外的地方。家长们描述，儿童白天的活动有四分之一是以这样或那样的形式玩耍，家长们会用周末剩下的时间来吃饭、打盹、购物、做饭或带着儿童快乐出游。这种规模的研究虽没有定论，但这些结果表明，科技不一定主宰着这些儿童的生活。

尽管如此，科技在许多家庭生活中仍是一个重要的角色，大多数儿童每天都使用一些带有屏幕的设备[66]。在研究中，计算机被用于一系列的活动，如访问 CBeebies、Nick Jr.、Club Penguin 和 Bin Weevils 的网站；在 YouTube 上与其他家庭成员分享有趣的视频；观看错过的电视节目；或者通过 Skype 和亲戚聊天。几乎所有的家长都对儿童花在计算机或玩游戏机上的时间感到放心。家长们也意识到过度使用科技的危险，但他们觉得这对其他家庭的儿童来说是个更大的问题。

5. 技术的互动性不能保证教育性

一些面向儿童的产品使用了互动概念，声称它们可以加快儿童学习读、写和使用数字的进度。学习玩具的销售对象是那些想让儿童为上学做好准备的家长，但它们通常都是伪装成娱乐的世俗教育任务。所谓的互动性很可能为学习提供一些最初的动机，但它很少能在最初几次接触之后继续下去，甚至可能会妨碍教育潜力发挥。通常，交互性是指在操作页面创建操作如单击、按下或滚动。如果儿童不明白他们需要做什么，或者缺乏精细的运动技能来实现它，那么创造这种互动可能会对学习造成障碍。

平板电脑可以解决其中一些操作问题。触摸屏、手势界面分享的便捷性为互动提供了新维度，但它们并不能保证学习的创新性。一些应用程序只是简单地复制了老版本的电子书，而不是利用媒介的可视性。与人类互动相比，技术的互动性是微不足道的，现有技术无法像更有能力的伙伴分享阅读体验那样，适应早期读者。一次读一个字或者让孩子们用触控笔指着一张图片然后说"做得好"的电子书不能模拟成人-儿童对话的体验。可见，技术的互动性并不能保证教育性。

6. 儿童需要为未来的生活获得技术知识

当我们问家长孩子是否需要从小学习使用技术时，一些家长认为为孩子的未来做好准备很重要。他们期望自己的孩子在学校使用科技，并认为如果不具备这些技能，他们的孩子将在成年后处于不利地位。一些家长对自己的能力缺乏信心，所以希望为他们的孩子进入职场做好充足的准备。即使是经济困难的家庭，父母也要确保他们的孩子有机会学习，他们会让孩子花时间在有计算机或购买二手产品的亲戚家里，以确保孩子有机会学习技术知识。

　　并非所有的父母都持这种观点。一些人认为，过早开始学习没有任何好处，因为技术变化如此之快：孩子们在 4 岁时学到的任何东西，到他们成年时也许会过时。一些家长担忧，如果他们鼓励孩子熟悉科技，那么科技就会变得非常吸引人，从而替代了更有价值的娱乐活动。无论有没有技术，孩子的教育总是包括努力确定他们未来生活中需要的知识和技能，并设法确保他们有一个良好的开端。因此，尽管大多数人都同意技术熟悉对他们未来的生活很重要这一观点，但不可能确切地说 20 年后哪种产品将在工作场所或家庭中占主导地位。

二、多模态信息技术应用于儿童教育时面临的挑战

1. 设计和开发儿童教育应用程序很困难

　　为什么一款应用程序的教育用途与其真正的教育价值之间存在差异？创建一个教育应用程序并不总是一个简单的过程。一个可能的原因是，应用程序的教育价值不仅与其内容有关，还与满足目标群体需求的设计、方法和分析有关[67]。

　　为了满足儿童的发展阶段和认知能力，应用程序需要采取特定的做法。在移动教育应用程序中，除了与教学方法相关的问题，其他因素，如设备和目标受众的特征也应该被考虑。文献表明，儿童不应该像对待"年轻人"一样被对待，因为这些年龄组有非常不同的特征和需求[68]。因此，应用程序开发团队必须了解最近的学术文献，并在创建应用程序时应用相关的科学考虑。

　　例如，随着触屏设备的出现，出现了各种可用性问题，如缺乏与使用"软按钮"相关的物理反馈，以及儿童需要熟悉自己的交互风格的变化。基于传统交互技术（如键盘或鼠标）的设计方法已经使用了几十年，在触摸屏用户界面推出后，需要进行彻底的改革。学龄前儿童是一个特殊的使用者群体，根据 Piaget 的认知发展理论，属于术前阶段（涵盖年龄范围为 2～7 岁）[69]。在这个阶段，儿童正在发展他们的运动技能，他们的心理处理信息的量有限。然而，已有研究表明，针对这个年龄段的应用程序经常使用不适当的手势（捏、倾斜、轻弹、双击），而不是更多的直观和功能性的触摸手势（点击、跟踪、滑动、拖拽、滑动）[70]。

　　通常而言，移动应用程序的设计指南来自研究或实践经验，这是基于不同类型的设备或不同的用户群体[71]。儿童有更小的手指、更弱的手臂和更低的处理技能，因此他们可能无法精确地瞄准小的定义区域。此外，他们不能像成年人一样在触摸屏上使用拖放技术。与成年人相比，儿童唯一占优势的领域可能就是他们对技术的熟悉程度。

　　学龄前儿童的内容设计是特别苛刻的，因为他们是学前读者，因此设计师-开发者不能依靠文本（菜单，按钮，消息）来处理应用程序。但是，很多时候，在针对学龄前儿童的应用中，开发者使用的界面包含过多的文本信息[67]。与使用文本界面的应用设计师相信父母会给他们的孩子阅读内容相反，研究表明，如果

活动对他们来说是有趣的，父母会参与到媒体活动中。软件工程师、设计师和用户界面专家应遵循基本原则和指南来设计有效的教育应用，如提供明确的说明或信息，适当使用多媒体元素，使用多种沟通渠道和适当的多模态特征，消除负面的社会价值观和暴力内容，以及避免文化、种族或性别刻板印象的再现[72]。

此外，教育应用程序应用于儿童的教学合理性也存在各种反对意见。有很多新的公司生产教育应用程序由于利润驱动，专注于编程、设计和市场营销，这样的公司经常错过教学基础和评估。在国际上，几乎没有证据表明针对婴儿（2 岁以下）、学龄前儿童（2～5 岁）和早期学龄儿童设计的良好教育应用程序。设计师和软件工程师应该使用基于 7 岁以下儿童建议的教学原则。这些包括使用开放式，或开放式发现导向的活动和分类挑战，以提高儿童的知识和技能。有效的学习是在一个灵活的框架内进行的，该框架支持实践、发现和创造力，儿童可以通过适当调整学习目标来积极参与。具体来说，当儿童在认知上积极有动机，当他们的学习经验是有意义的，此时的学习是优化的。Hirsh-Pasek 等确定了移动应用程序必须对幼儿的学习做出贡献的四个关键特征。适合发展的教育应用程序应促使儿童积极参与、参与教育内容、体验有意义的学习、允许适当的社交互动[73]。

甚至多年来反对使用数字媒体的美国儿科学会（American Academy of Pediatrics，AAP）在 2016 年 10 月放弃了其之前的建议，即父母禁止 2 岁以下的幼儿使用数字媒体。AAP 现在建议希望与孩子一起使用数字媒体的父母选择高质量的优质教育应用程序，但这一指南几乎不可能被遵循，因为大多数针对儿童的应用程序不是为了教育而创建的。Toca Boca（世界上最受欢迎的应用开发公司之一）的首席执行官描述了软件行业是如何看待教育软件市场的。2014 年，他在接受采访时表示："所有的应用都属于教育类，因为这是父母寻找儿童产品的地方。那么，他们是否具有教育意义，因为他们属于教育类别？不一定，看看大多数应用程序，很可能不是。"

目前还必须考虑开发适合发展的教育应用程序的成本等因素。可能有几个值得关注的应用程序是由热情的教师和家长为儿童开发的。然而，在大多数情况下，少数适当的教育应用程序是由专门的软件开发公司开发和支持的。其中一个主要原因是，开发具有复杂和适应性强的界面和用户特定内容的应用程序的成本从 25 万美元到 150 万美元不等[74]。开发应用程序的成本很大程度上取决于应用程序的具体特征，以及应用程序的设计和内容复杂性。即使是使用标准组件和定制图形的简单应用程序，开发成本也可能在 1000 美元到 10 000 美元之间[75]。开发一款重要应用程序的平均成本接近 27 万美元[76]。此外，如果应用程序支持云计算和社交媒体服务，频繁升级和错误纠正，开发成本也会呈指数增长。考虑到即使是一个相对简单的应用程序也需要高成本，许多关于教育应用程序的质量问题会大量出现。快速生产和快速销售的内容有一个庞大的目标受众是软件开发公司在低价应用程序商店市场获取高利润的关键。

2. 选择适合发展的教育应用程序很困难

数字公民意识是儿童数字素养的重要组成部分。"数字公民"一词是指成人需要帮助儿童对使用、滥用技术及与在线权利、角色、身份、安全和通信相关的指导。成年人有责任保护儿童，并赋予保护他们的权利，以帮助他们发展在成长过程中所需要的技能，并帮助儿童学会提问及批判性地思考他们使用的技术和媒体。成年人有责任以安全、健康、可接受、负责任和社会积极的方式，让儿童接触技术并以适合发展和积极使用的数字工具、媒体交流和学习方法为榜样。但是，随着多模态技术的迅速变化，家长和教师很难选择适合儿童发展的技术。

大多数应用程序，无论它们属于训练与练习还是自由表达游戏类别，几乎都不专注于一个单一的学习目标。一些早期的读写和数学应用程序，如没有吸引力的工作表或抽认卡游戏，由于它们学习模式的机械性质，很少或无法为学习者提供好处。训练或练习风格的应用程序可以潜在地提高死记硬背的学习能力，但不太可能促进对该领域概念更深层次的理解。即使它们以好玩的形式呈现，许多应用程序在设计中往往具有重复和上瘾的特征，而没有提供明确的学习收益[77]。大多数教育类应用程序属于移动革命的第一波浪潮，即以数字形式复制的简单数字工作表、游戏和谜题等应用程序，没有明确考虑儿童如何学习，或如何使用数字设备独特的多模式功能和特点[78]。

教育应用程序的数字市场不仅充斥着不合适的教育应用程序，而且没有提供必要的信息来帮助教师和家长决定如何选择和使用应用程序。每天数以百计的新应用程序使得研究者、教育者和家长无法系统地评估这些程序的可用性[79]。此外，在数字应用程序商店中，应用程序的受欢迎程度与其真正的教育价值关系不大，因为受欢迎程度是基于主观分类（用户的评论和五星评级系统），而不是基于客观和明确定义的标准。谷歌游戏商店的安卓用户可以随时对每个应用程序进行评分或评论。例如，谷歌的星系统和用户评论的效率比较分析，发现缺乏可靠和有效的测量工具来评估教育应用程序。同样，Hirsh-Pasek 等也强调了那些自诩教育类的应用程序与其真正的教育价值之间存在差异。

3. 公平和获得机会的问题仍未解决

尽管人们普遍认为，随着计算机和互联网时代的到来，基于身份的差异正在消失，但巨大的差距仍然存在。例如，美国白人群体中有 70% 的人可以使用互联网，但非洲裔美国人群体中只有 57% 的人可以使用互联网。与此同时，在美国年收入超过 7.5 万美元的家庭中有 93% 的家庭拥有互联网接入，但年收入低于 7.5 万美元的家庭中只有不到 49% 的家庭拥有互联网接入。因此，显而易见的是，经济上处于劣势的儿童和有色人种的儿童比经济上处于优势和白人同龄人更有可能生活在没有计算机和互联网接入的家庭中。在美国，残疾人家庭使用计算机和互联网的比率显著低于非残疾人。在低贫困生学校，96%的教室可以上网，而在高贫困生学校，这一比例为91%[80]。

技术工具已成为学习过程的基本组成部分，但并不是所有儿童都能获得和充分利用技术。在21世纪，掌握技术是为了在学习上进步。掌握技术的儿童是来自社会经济地位高的家庭，而来自社会经济地位低的家庭则处于持续被压迫的循环中。美国各地的许多学校已经实现了1∶1的比例，即每个学生一台科技设备，而其他国家很多学校几乎没有可用的互联网接入，或者一个班级的学生共享两台设备。这个问题被称为数字权益。就像书籍、科学设备、课外选择、午餐的健康食品一样，科技现在是资金充裕的学校里的另一种资源，而在资金不足的学校里则是缺乏的，这成了低收入家庭的学生又一条落后于富裕家庭的同龄人的原因。技术在造成这种不平等局面中发挥了作用，较富裕的学区能提供给学生更多的技术，而这只会加剧成绩差距和数字化差距。贫困儿童没有机会学习，所以他们学不到同样的东西，这使他们处于不利地位。数字素养暴露出的不平等后果将持续一生。如果不能获得适当的数字素养，贫困学生将越来越难以摆脱贫困。

在20世纪60年代早期，学前教育计划和其他儿童教育项目针对的是不同经济背景的儿童在获得印刷媒体方面的差异。今天，教育工作者在技术工具、媒体和互联网宽带接入方面面临着类似的挑战。例如，在富裕家庭长大的儿童更容易在家里接触到技术工具和互联网，他们很小就开始使用互联网，因此，当他们进入学校时，就拥有高度发达的技术技能和数字素养。家庭资源较少的儿童可能很少或根本没有机会在其家庭、学校或社区获得最新的技术[81]。

三、多模态信息技术应用于儿童教育时面临挑战的解决策略

1. 选择适合开发的技术

（1）对于是否及何时将科技和互动媒体整合到儿童教育中，必须采用与发展相适应的做法来指导决策。

适当的技术和媒体平衡加强了儿童早期环境中基本材料、活动和互动的使用，成为日常生活的一部分。科技和媒体不应取代诸如创造性游戏、现实探索、体育活动、户外体验、交谈和社会互动等对儿童发展至关重要的活动。技术和媒体应该被用来支持学习，因而不是孤立的活动。

成人和儿童之间的反应性互动对婴幼儿的早期大脑发育及认知、社交、情感、身体和语言的发展至关重要。美国幼儿教育协会和弗雷德-罗杰斯早期学习与儿童媒体中心加入了公共卫生团体，反对在儿童早期项目中对2岁以下儿童使用屏幕媒体。虽然在某些情况下，会有适合婴幼儿使用的技术，如查看数码照片，参与

Skype 与人互动，一起看电子书等，但教育者应该限制他们使用技术的时间，多去体验其他的活动。当技术和媒体有益于健康发展、学习、创造力、与他人的互动和人际关系时，儿童教育工作者应该基于儿童发展的理论和实践来谨慎地选择和使用技术和媒体，这同样适用于那些与婴幼儿打交道的人。

（2）需要做出专业判断，以确定具体使用的技术或媒体是否适合年龄、个体、文化和语言。

儿童教育者通过运用他们在儿童发展和学习、儿童个体的兴趣和准备及儿童生活的社会和文化背景方面的专业知识来决策是否、如何、何时及为什么实施技术和媒体。成年人的作用是至关重要的，因为他们要确保计划、实施、反思和评估都能指导他们做出如何将任何形式的技术或媒体引入课堂的决定。为课堂选择合适的技术和媒体就像选择其他学习材料一样，教师必须不断做出反思、回应和判断，以促进每个儿童产生积极的结果。

（3）适合发展的教学实践必须始终指导选择任何课堂材料，包括技术和互动媒体。

教师必须花时间评估和选择课堂使用的技术和媒体，仔细观察儿童对材料的使用情况，以发现机会和问题，然后做出适当的调整。教师必须愿意学习和熟悉新技术，并有意地做出选择，包括确保内容适合发展，并传达反偏见的信息。

在为儿童选择技术和媒体时，教师不应该依赖产品营销材料中那些无法证实的说法，应该考虑有限资源的分配和成本效益，包括初始成本、硬件和软件更新与升级的持续成本，以及其他不明确的成本，如使用产品所需的附加项目。其他需要考虑的因素包括儿童积极使用时的耐用性，以及设备丢失或损坏时的更换成本。鼓励儿童使用该产品或从供应商那里购买更多产品的措施也应该被仔细审查和考虑。如果开发者和出版商的技术和媒体致力于使用研究型信息开发、营销和推广他们的产品，技术和互动媒体的选择工具将不受商业问题的制约也变得不那么神秘，因而更容易被教师和家长选择[82]。

（4）适当使用技术和媒体取决于每个儿童的年龄、发展水平、需求、兴趣、语言背景和能力。

儿童在使用工具和材料方面有一个发展过程，通常是从探索到掌握，然后到功能从属（使用工具完成其他任务）。证据表明，同样的越界现象在儿童与科技工具互动的方式上也很明显。儿童在使用这些工具进行交流之前，他们需要时间来探索技术的功能。正如我们鼓励儿童使用蜡笔和纸来画画，而不是让他们写下自己的名字。当然，大多数技术和媒体都不适合从出生到 2 岁的儿童，而且也没有证据表明被动观看屏幕媒体与婴幼儿的特定学习之间存在关联。婴儿和蹒跚学步的儿童需要与成年人进行有反应的互动。然而，移动、多点触摸屏和新技术已经改变了最小的儿童与图像、声音和想法互动的方式。因此，婴儿护理者必须确保接触到的任何技术和媒体都是用于探索的，包括共同关注和丰富语言的交流，而且它不会减少儿童和照顾者之间协调和专注的互动机会。学龄前儿童在控制科技和媒体方面有不同程度的能力，但在成人的干预下，他们可以展示对简单数字设备的掌握，并经常使用这些工具作为他们假装游戏的一部分。学龄儿童更擅长使用技术，他们可以利用这些工具交流思想和情感、调查环境、定位信息。随着各种设备和应用程序的用户界面变得更加友好，年龄较小的儿童在使用技术工具来完成一项任务方面也变得越来越熟练，如制作图片、玩游戏、记录故事、拍照，或者参与其他适合他们年龄的学习活动。技术工具和互动媒体是探索和掌握知识的另一个来源。

（5）技术和媒体的有效使用是积极、动手、参与和授权；给予儿童控制权；提供自适应脚手架，以简化任务的完成；作为支持儿童学习的许多选项之一。

为了将科技和媒体与其他核心经验和机会结合起来，儿童需要工具来帮助他们探索、创造、解决问题，思考、批判性地倾听和看待问题、做决定、观察、记录、研究、调查想法、演示学习、轮流学习、相互学习。

有效的技术工具将屏幕上和屏幕外的活动连接起来，强调成人和儿童及儿童和他们的同龄人之间的共同观看和共同参与[83]。这些工具有可能让成年人和儿童聚在一起分享经验，而不是把他们分开。例如，护理人员可以选择以传统的印刷形式阅读故事，也可以在电子设备上阅读交互式电子书，或者两者兼而有之。当体验到人际互动时，这些与媒体接触的不同类型变得非常相似。早期的书籍阅读和其他成人-儿童的共同探索可以包括共同观看和共同参与媒体。

科技和媒体只是众多工具中的两种，它们可以在课堂上有效地、恰当地应用于儿童。与许多事情一样，技术和媒体应该适度使用，加强并融入课堂体验，而不是取代必要的活动、体验和材料。

（6）与技术和媒体的互动应该是俏皮的，并支持创造力、探索、假装游戏、活跃游戏和户外活动。

玩耍对儿童的发展和学习至关重要。儿童与科技和媒体的互动反映了他们与其他游戏材料的互动，包括感官或练习游戏、虚拟游戏和有规则的游戏。因此，儿童需要机会以有趣和创造性的方式探索技术和互动媒体。适当的技术和媒体经验允许儿童控制媒体和体验的结果及探索这些工具的功能，并假装它们可能在现实生活中如何使用。

（7）将技术和媒体融入环境、课程和日常事务后，可以增强儿童期实践。

将科技和媒体成功地整合到儿童课程中，包括在日常课堂实践中使用计算机、数码相机、软件应用和互联网等资源。当技术和媒体的使用变得常规和透明，当儿童或教育者的注意力集中在活动或探索本身，而不是所使用的技术或媒体时，真正的整合才会发生。当技术和媒体的使用支持教育工作者和儿童计划的目标，为儿童提供学习和交流的数字工具，并帮助改善儿童的成果时，技术整合是成功的。

2. 教师在课堂中实现适合发展的技术集成

幼儿教育者需要通过培训、专业发展机会和成功实践实例，来开发满足提出的期望所需的技术和媒体知识、技能和经验。近年来，智能手机、平板电脑、应用程序、游戏护具和手持游戏设备、流媒体和社交媒体已经进入了早期儿童教育者的个人和职业生活；进入为幼儿、父母和家庭服务的早期儿童项目；进入儿童家庭。儿童早期教育工作者、家长和家庭需要一定的指导来做出明智的决定来判断如何通过技术和互动媒体学习，哪些适当的技术和媒体工具是集成技术和媒体，在家里如何使用这些工具来加强儿童与家庭的沟通，以及如何支持数字和媒介。

为了实现这一原则和建议，幼儿教育工作者必须得到专业发展的支持。幼儿教育工作者需要可用的、负担得起的和可获得的专业发展机会，包括深入地、亲身体验技术培训、持续地支持和使用最新的技术工具和互动媒体。教育者必须知识渊博，随时准备做出明智的决定，如何及何时适当地选择、使用、整合、评估技术。教育工作者还需要有足够的知识来回答父母的问题，引导儿童去体验对他们的发展产生积极影响的技术和媒体。

教学时代的数字化学习也暗示了儿童教师如何集成技术工具、互动媒体和在线课程教学，未来儿童教师如何适当地运用技术和媒体在教室里教儿童，和未来的教师如何理解和接受他们的角色与父母和家庭的关系[84]。教师教育工作者需要为课堂上的儿童提供有效的、吸引人的、赋权的、以技术为中介的在线学习体验，从而使他们的学习效果更好。这需要了解成年人如何学习及如何有效地利用技术来教教师。

当前和未来的幼儿教育者还需要在儿童课堂和项目中成功选择、使用、整合、评估技术的积极例子。教育工作者需要获得资源、在线链接、视频和专业实践社区，来展示、分享和讨论新兴技术和新媒体的有前途的例子和应用。

NAEYC 和 Fred Rogers 中心对儿童教育工作者有如下建议。①有意地选择、使用、整合、评估技术和交互式媒体工具，并在心理上适当发展，仔细注意内容的适当性和质量，儿童的经验及合作参与的机会。②在儿童项目中提供平衡的活动，认识到技术和互动媒体是有价值的工具，当有意地与儿童一起使用时，可以扩展和支持他们积极地、创造性地、真实地参与到与周围人和他们的世界。③禁止在 2 岁以下儿童的早期儿童节目中被动使用电视、视频、DVD 和其他非互动的技术和媒体，也不鼓励对 2~5 岁的儿童进行被动和非互动的使用。④在针对 2 岁以下儿童的节目中，限制技术和互动媒体的使用，仅限于适当支持看护者与儿童之间的回应性互动。⑤在确定技术和媒体在儿童早期使用的适当限制时，要仔细考虑世界卫生组织对从出生到 5 岁的儿童的屏幕时间建议。屏幕时间的估算应该包括儿童在学前教育项目中花在屏幕前的时间及在父母和家人的帮助下，在家和其他地方花费的时间。⑥发挥领导作用，确保由其照料的儿童及父母和家庭平等获得技术和互动媒体经验。

3. 教育的公平和机会

由于技术和互动媒体对健康成长和发展具有积极影响，儿童教育工作者在选择、使用、整合和评估技术和媒体时，必须仔细考虑公平和获取的问题。儿童教育工作者有机会发挥领导作用，确保儿童、父母和他们所照顾的家庭平等地获得技术工具和交互式媒体体验。

儿童需要机会发展与早期数字读写相关的早期技术操作技能，类似于与早期读写能力发展相关的书籍操作技能。国际技术教育学会推荐 5 岁儿童掌握技术操作和概念的基本技能。儿童早期设置可以为儿童提供机会，如让他们探索数码相机、录音机、录像机、打印机和其他技术，否则他们在以后的学习生活中可能无法使用这些工具。教育工作者还应该考虑高质量的互动媒体可以给儿童带来的学习和创新优势，特别是与技能丰富的教学和补充性课程资源相结合，共同加速学习，缩小低收入家庭儿童和富裕家庭儿童之间的成绩差距。

当教育者适当地将技术和互动媒体融入他们的课堂中，通过为所有的儿童提供参与和学习的机会，公平和机会就得到了解决。在这样的环境中，有特殊需要的儿童可以独立使用技术和技术策略。

公平和获得机会的问题对儿童专业人员和决策者也有影响。一些儿童教育工作者在工作或家中使用技术工具和互联网宽带时，面临着与他们所照顾的儿童的家庭相同的挑战。因此，对技术工具和互动媒体在儿童教育中的价值的研究和认识，需要与关心儿童、家长、家庭和教师的机会和公平问题的决策者分享。

参 考 文 献

[1] 闫静杰, 郑文明, 辛明海, 等. 表情和姿态的双模态情感识别 [J]. 中国图象图形学报, 2013（9）：1101-1106.

[2] 宋占美, 孙倪明, 屈燕. 多模态幼儿英语电子绘本开发与应用的实证研究 [J]. 天津市教科院学报, 2022（2）：52-57.

[3] Alberts Ed. P, Sanders Ed. J. Literacies, the arts, and multimodality [M]. London: National council of teachers of English, 2010: 136-158.

[4] Jewitt C, Kress G. Multimodal Literacy [J]. Sage publications, 2013 (1): 52-57.

[5] Vygotsky L S. Mind in society: The development of higher psychological processes [M]. Boston: Harvard University Press, 1978.

[6] Cole M, Wertsch J V. Beyond the individual-social antinomy in discussions of Piaget and Vygotsky [J]. Human development, 2010 (5):250-256.

[7] Wertsch J V, Tulviste P, Hagstrom F. A Sociocultural Approach to Agency [J] ACM journal of experimental algorithms-JEA, 1993.

[8] Lave J, Wenger E Situated learning: Legitimate peripheral participation [M]. Cambridge: Cambridge University

Press, 1991.

［9］ Ohta K, Pizzichini E, Wenzel S E, et al. Fundamentals of numerical reservoir simulation [M]. Elsevier Scientific Pub. Co: Distributors for the U. S. and Canada, Elsevier North-Holland, 1977.

［10］ 朱伟娟. 克拉申"输入假说"理论在对外汉语教学中的应用 [J]. 湖北社会科学, 2012（6）: 139-142.

［11］ 翁燕珩. 第二语言习得"输入假说"评析 [J]. 中央民族大学学报（哲学社会科学版）, 2006（4）: 142-144.

［12］ Serafini F. Reading multimodal texts: perceptual, structural and ideological perspectives [J]. Children's literature in education, 2010 (2): 85-104.

［13］ 覃辉, 鲍勤. 建构主义教学策略实证研究: 以云南农村高中英语教学为例 [M]. 昆明: 云南大学出版社, 2010: 55-60.

［14］ Sweller J. Cognitive load during problem solving: effects on learning [J]. Cognitive science, 1988 (2): 257-285.

［15］ 斯金纳, 贾生. 教学机器 [J]. 现代外国哲学社会科学文摘, 1963（12）: 19-25.

［16］ Wang X C, Christ T, Chiu M M. Exploring the relationship between kindergarteners' buddy reading and individual comprehension of multimodal digital texts [J]. International association for the development of the information society, 2018 (15): 383-386.

［17］ 臧亮. 国内智能音箱行业发展状况研究 [J]. 中国广播, 2018（11）: 23-26.

［18］ 孙平. 儿童绘本的跨媒体阅读路径研究 [J]. 现代出版, 2016（4）: 43-47.

［19］ 黄肖铭. 浅析 App 儿童电子绘本的版式设计 [J]. 美术观察, 2015（1）: 130-131.

［20］ Neuman D. Qualitative research methods in mathematics education ‖ Chapter 5: phenomeno graphy: exploring the roots of numeracy [J]. Journal for research in mathematics education monograph, 1997: 63-78, 164-177.

［21］ Breuleux A, Laferriere T, Bracewell R. Networked Learning Communities in Teacher Education [J]. Access to information, 1998: 37-43.

［22］ Fromkin V, Rodman R, Hyams N. An introduction to language [M]. 10th ed. Stamford: Cengage Learning, 2018: 294-297.

［23］ Wang X C, Christ T, Ming M C, et al. Exploring the relationship between kindergarteners' buddy reading and individual comprehension of interactive App books [J]. AERA open, 2019 (3):1-17.

［24］ Christ T, Wang X C. Supporting preschoolers' vocabulary learning [J]. Yc young children, 2012 (2): 199-203.

［25］ Wang X C, Christ T, Chiu M M. Exploring a comprehensive model for early childhood vocabulary instruction: a design experiment [J]. Early child development and care, 2014 (7): 1075-1106.

［26］ Christ T, Wang X C, Chiu M M, et al. How App books' affordances are related to young children's reading behaviors and outcomes [J]. AERA open, 2019 (2): 1-18.

［27］ Fraley, Chris R. Attachment stability from infancy to adulthood: meta-analysis and dynamic modeling of developmental mechanisms [J]. Personality and social psychology review, 2002 (2): 123-151.

［28］ Davidsen J, Vanderlinde R. Researchers and teachers learning together and from each other using video-based multimodal analysis [J]. British journal of educational technology, 2014 (3): 451-460.

［29］ Papadakis S, Kalogiannakis M, Zaranis N. The effectiveness of computer and tablet assisted intervention in early childhood students' understanding of numbers. An empirical study conducted in Greece [J]. Education and information technologies, 2018 (23): 1849-1871.

［30］ Flewitt R, Messer D, Kucirkova N. New directions for early literacy in a digital age: The iPad [J]. Journal of early childhood literacy, 2015 (3): 289-310.

［31］ Papadakis S J, Nicholas Z, Kalogiannakis M. Comparing Tablets and PCs in teaching mathematics: an attempt to improve mathematics competence in early childhood education [J]. Preschool and primary education, 2016 (2): 241.

［32］Roskos K, Burstein K, Shang Y, et al. Young children's engagement with e-books at school: does device matter [J]. SAGE open, 2014 (1): 1-9.

［33］Marsh H W, Shavelson R. Self-concept: Its multifaceted, hierarchical structure [J]. Educational psychologist, 2010 (3):107-123.

［34］Kucirkova N, Snow C, Grover V. The Routledge international handbook of early literacy education a contemporary guide to literacy teaching and interventions in a global context [M]. New York: Routledge, 2017.

［35］Fleer D, Ller R M. Comparing holistic and feature-based visual methods for estimating the relative pose of mobile robots [J]. Robotics & autonomous systems, 2017 (89): 51-74.

［36］Marsh R L, Kaestli M, Chang A B, et al. The microbiota in bronchoalveolar lavage from young children with chronic lung disease includes taxa present in both the oropharynx and nasopharynx [J]. Microbiome, 2016 (1):37-55.

［37］Spering M, Carrasco M. Similar effects of feature-based attention on motion perception and pursuit eye movements at different levels of awareness [J]. Journal of neuroscience, 2012 (22): 7594-7601.

［38］Diago P D, González-Calero J A, Arnau D. Fundamentos de diseño de un entorno tecnológico para el estudio de las habilidades en resolución de problemas en primeras edades escolares [J]. Research in education and learning innovation archives, 2019 (22): 60.

［39］Roberts J D, Parks C B, Chung G K, et al. Innovations in evidence and analysis: the PBS KIDS learning analytics platform and the research it supports [M]. New York: Routledge, 2018: 231-248.

［40］Bonansco C, Martínez-Pinto J, Silva R A, et al. Neonatal exposure to oestradiol increases dopaminergic transmission in nucleus accumbens and morphine-induced conditioned place preference in adult female rats [J]. Journal of neuroendocrinology, 2018 (7): e12574.

［41］Dor, Abrahamson, Shakila, et al. Eye-tracking piaget: capturing the emergence of attentional anchors in the coordination of proportional motor action [J]. Human development, 2016 (4-5): 218-244.

［42］Pérez L M, de Lucas B, Gálvez B G. Unhealthy stem cells: when health conditions upset stem cell properties [J]. Cellular physiology and biochemistry, 2018 (5): 1999-2016.

［43］Papavlasopoulou S, Sharma K, Giannakos M N. How do you feel about learning to code? Investigating the effect of children's attitudes towards coding using eye-tracking [J]. International journal of child-computer interaction, 2018: 50-60.

［44］Pereira A F, James K H, Jones S S. Early biases and developmental changes in self-generated object views [J]. Journal of vision, 2010 (11):22.

［45］Raca M, Tormey R, Dillenbourg P. Student motion and it's potential as a classroom performance metric [C]//3rd International Workshop on Teaching Analytics (IWTA), 2013.

［46］Kosmas P, Ioannou A, Retalis S. Using embodied learning technology to advance motor performance of children with special educational needs and motor impairments [C]//Élise Lavoue', Hendrik Drachsler, Katrien Verbert, et al. Data driven approaches in digital education. Berlin: Springer, 2017.

［47］Kourakli M, Altanis I, Retalis S, et al. Towards the improvement of the cognitive, motoric and academic skills of students with special educational needs using Kinect learning games [J]. International journal of child-computer interaction, 2017: 28-39.

［48］ Rahman M A, Bhuiyan M. IOT enabled sensor in multimodal intelligent applications for children with special needs [C]. 2015 internet technologies and applications (ITA). IEEE, 2015: 352-357.

［49］ Goodwin M S, Mazefsky C A, Ioannidis S, et al. Predicting aggression to others in youth with autism using a wearable biosensor [J]. Autism research, 2019 (8): 1286-1296.

［50］ Vivien B, James T, Jenny-Ann M, et al. Tracing dynamic expansion of human NK-cell subsets by high-resolution analysis of KIR repertoires and cellular differentiation [J]. European journal of immunology, 2019 (7):2192-2196.

［51］ Khakpour A, Colomo-Palacios R. Convergence of gamification and machine learning: a systematic literature review [J]. Technology, knowledge and learning, 2021 (3): 597-636.

［52］ Muller A A, Perlmutter M. Preschool children's problem-solving interactions at computers and jigsaw puzzles [J]. Journal of applied developmental psychology, 1985 (2-3):173-186.

［53］ Infante C, Weitz R, Reyes R, et al. Co-located collaborative learning video game with single display groupware [J]. Interactive learning environments, 2010 (2):177-195.

［54］ Pawar U S, Pal J, Toyama K. Multiple mice for computers in education in developing countries [C]. 2006 International Conference on Information and Communication Technologies and Development. IEEE, 2006: 64-71.

［55］ Mcpake J, Plowman L, Stephen C. Pre-school children creating and communicating with digital technologies in the home [J]. British journal of educational technology, 2013: 44.

［56］ O'Mara J, Laidlaw L. Living in the iworld: Two literacy researchers reflect on the changing texts and literacy practices of childhood [J]. English teaching: practice and critique, 2011 (4): 149-159.

［57］ Cury P M, Boyd I L, Bonhommeau S, et al. Global seabird response to forage fish depletion-one-third for the birds [J]. Science, 2011 (6063): 1703-1706.

［58］ Hatzigianni M, Gregoriadis A, Fleer M. Computer use at schools and associations with social-emotional outcomes-a holistic approach. Findings from the longitudinal study of Australian children [J]. Computers & education, 2016 (95): 134-150.

［59］ Rofail M, Lee G A, O'Rourke P. Prognostic indicators for open globe injury [J]. Clinical and experimental ophthalmology, 2006 (8): 783-786.

［60］ Kirkorian H L, Wartella E A, Anderson D R. Media and young children's learning [J]. Future of children, 2008 (1):39-61.

［61］ Subrahmanyama K, Greenfieldb P, Krautc R, et al. The impact of computer use on children's and adolescents' development [J]. Journal of applied developmental psychology, 2001 (1): 7-30.

［62］ Lonsdale M, Mccurry D. Adult literacy research: literacy in the new millennium [M]. Adelaide: National Centre for Vocational Education Research, 2004: 53.

［63］ Stephen C, Mcpake J, Plowman L. Digital technologies at home: the experiences of 3 and 4 year olds in Scotland [M]. Trentham books: London, 2010.

［64］ Stephen C, Mcpake J, Plowman L, et al. Learning from the childrenexploring preschool children's encounters with ICT at home [J]. Journal of early childhood research, 2008 (2): 99-117.

［65］ Takeuchi L, Stevens R. The new coviewing: designing for learning through joint media engagement [J]. The joan ganz cooney center at sesame workshop, 2011 (1): 9-16.

［66］ Gutnick A L, Robb M, Takeuchi L, et al. Book review: always connected: the new digital media habits of young children [J]. Media international Australia, 2011 (1):177-178.

［67］ Heider K L, Jalongo M R. Young children and families in the information age [M]. Netherlands: Springer

Netherlands, 2015: 117-131.

[68] Anthony L, Brown Q, Nias J, et al. Interaction and recognition challenges in interpreting children's touch and gesture input on mobile devices [C]//Proceedings of the ACM international conference on interactive tabletops and surfaces, 2012: 225-234.

[69] Lerner R M. Handbook of child psychology and developmental science [M]. 7th ed. Hoboken: WILEY, 2015.

[70] Neumann M M, Neumann D L. The use of touch-screen tablets at home and pre-school to foster emergent literacy [J]. Journal of early childhood literacy, 2015 (2): 203-220.

[71] Masood M, Thigambaram M. The usability of mobile applications for pre-schoolers [J]. Procedia-social and behavioral Sciences, 2015 (197):1818-1826.

[72] Goodwin K, Highfield K. iTouch and iLearn: an examination of "educational" apps [C]. In early education and technology for children conference, 2012: 14-16.

[73] Hirsh-Pasek K, Zosh J M, Golinkoff R M, et al. Putting education in "educational" Apps: Lessons From the Science of Learning [J]. Psychological science in the public interest, 2015 (1):3-34.

[74] Larkin K, Lowrie T. STEM education in the early years: thinking about tomorrow [M]. Singapore: Springer, 2022: 45-68.

[75] Chiong C, Shuler C. Learning: Is there an app for that[C]//Investigations of young children's usage and learning with mobile devices and apps. New York: The Joan Ganz Cooney Center at Sesame Workshop, 2010: 13-20.

[76] Piatti-Farnell L, Brien D L. New Directions in 21st Century Gothic : The Gothic Compass [M]. New York: Routledge, 2015: 117-131.

[77] Serrao-Neumann S, Crick F, Harman B, et al. Maximising synergies between disaster risk reduction and climate change adaptation: potential enablers for improved planning outcomes [J]. Environmental science & policy, 2015 (50):46-61.

[78] Hirsh-Pasek K, Adamson L B, Bakeman R, et al. The contribution of early communication quality to low-income children's language success [J]. Psychological science, 2015 (7): 1071-1083.

[79] Kucirkova N, Messer D, Sheehy K. The effects of personalisation on young children's spontaneous speech during shared book reading [J]. Journal of pragmatics, 2014 (71): 45-55.

[80] Gorski P C. Insisting on digital equity: reframing the dominant discourse on multicultural education and technology [J]. Urban education, 2009 (3): 348-364.

[81] Cross C T, Woods T A, Schweingruber H, et al. Mathematics learning in early childhood: paths toward excellence and equity [J]. New York: National Academies Press, 2009.

[82] Fielding K, Murcia K. Research linking digital technologies to young children's creativity: an interpretive framework and systematic review [J]. Issues in educational research, 2022 (1): 105-125.

[83] Takeuchi M. Supramolecular approach toward alignment of π-conjugated polymers [J]. Kobunshi, 2011 (7): 441-444.

[84] Rosen D, Jaruszewicz C, Bloom A, et al, 2010. Preparing teachers to plan for meaningful integration of technology.Society for information technology & teacher education international conference [C]. San Diego: Association for the Adancement of computer in Education (AACE), 2010.

第三章
学前教育质量对留守儿童发展的影响

第一节　学前教育质量的内涵及其测评

近几十年来，不少学者试图对学前教育质量的内涵进行明确的界定。Grisay 与 Mähleck[1] 认为教育质量应该包括三个内在相关的维度：为教学所提供的人与物的资源质量（投入），教学实践的质量（过程），成果的质量（产出和结果）。Dunn 等[2] 指出，传统上对质量的定义包含多方面的近端特征（如课程、班级互动）和远端特征（如机构特征、政策）。Love 等[3] 认为，托幼机构教育质量应从以下五个方面来考虑：①托幼机构的动态特征，如师幼互动、教师行为、教学活动等；②托幼机构的静态特征，如物质环境、安全和健康特征、材料等；③工作人员的特征，如教师的培训、经验、工资及福利等方面的情况；④管理与支持性服务，如工作人员的发展机会、财政情况等；⑤家长的参与，如教师与家长的关系、家长的支持、家园互访等。著名学者 Arthur Asa Berger 在 *Everyday Life in the Postmodern World*（《后现代世界的日常生活》）中指出，"当处理复杂性、价值观、多样性、主观性，多视角及时空背景的问题时，我们应采取另一种以不同的、后现代的方式和立场来理解世界"，这种观点也可以迁移到对学前教育质量内涵的讨论上来。

一、学前教育质量的内涵

虽然学界关于"质量"到底如何界定的问题莫衷一是，但纵观近五十年来学前教育领域的研究结果，国际学者普遍将学前教育质量划分为两个领域：结构性质量（structural quality）和过程性质量（process quality）。近年来，结果性质量也逐渐得到认可，成为学前教育质量的又一探索领域。联合国教科文组织（UNESCO）在其《EFA 全民教育全球监测报告 2005》中指出，结果性质量应成为除了结构性质量和过程性质量以外的第三个学前教育质量领域。

1. 结构性质量

结构性质量指的是托幼机构和班级两个层面的可调节的静态质量。例如，空间设施、师幼比、教师工资与福利、教师培训与进修、管理者领导力、课程方案、教师学历、教师专业发展水平等（见图 3.1）。这些结构性质量（如师幼比、教师学历）往往与班级教学质量有一定的关联。值得注意的是，结构性质量通常受到所在国家和地区的学前教育政策、管理制度（如办园准入制度）、经济发展水平等因素的综合影响。

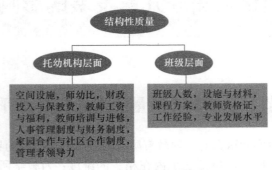

图 3.1　结构性质量的内容

2. 过程性质量

过程性质量是指与儿童学习和生活经历直接相关的人际互动的质量，包括师幼互动、同伴互动、课程（如发展适宜性的教育活动）、家长参与等质量要素[4]。过程性质量反映了儿童在班级中的真实的人际互动体验，并对其学业、情绪社会性和行为发展有显著的影响。

大量研究结果表明，儿童的健康、认知、语言、社会性等方面的发展会直接受到过程性质量的影响[5]。其中，班级师幼互动质量是班级过程性质量的最主要内容，也是与儿童发展最为密切的学前教育质量。例如，师生之间良好的情感关系与儿童高水平的认知发展有关联[6]，情感关系会影响儿童词汇与言语、阅读（如字母识别或词汇识别）、数学、问题解决等学业成绩，并对儿童执行功能、自我管理、短时记忆和认知控制的发展有影响。又如，当教师主动对班级进行有效的组织管理时，儿童参与活动的积极性得到提高，良好的班级管理也会显著提高学前儿童的自我管理能力，特别是行为控制能力和认知控制能力[6]。再如，当教师提供促进儿童高级思维发展的教学支架、肯定并延伸儿童的回答时，儿童会在语言（接受性语言、表达性语言、音韵、字母识别）、阅读、数学上取得更好的成绩[7]。基于过程性质量对儿童发展的重要意义，学者们根据不同的理论框架开发出许多评估工具，希望从不同的角度准确定义并评价过程性质量，如班级互动评估系统（Classroom Assessment Scoring System，CLASS）、养育者互动量表（Caregiver Interaction Scale，CIS）等。

3. 结果性质量

作为学前质量研究的又一领域，结果性质量的提出受到了一定的争议。有学者认为，评估儿童发展结果（child outcome）十分消耗时间与精力，且对测评的信效度是个挑战，并且可能会加剧教育的功利化倾向。也有学者认为，关注教育过程中幼儿园对儿童发展评估的重视程度（比如考察幼儿园是否将儿童发展评价纳为常规性工作），比关注儿童发展成果更重要[8]。

不可否认的是，所有学前教育的实施目的都是促进儿童更好地发展，因此儿童发展结果仍应作为检验学前教育质量的重要指标。当前，各国政府或组织制定的学前教育质量标准都围绕儿童早期发展目标来展开，如中国教育部于 2012 年出台的学前教育领域的国家级指导性文件《3—6 岁儿童学习与发展指南》，美国 2000 年颁布的《开端计划儿童结果框架》[9]，都是通过评估儿童发展结果来建立早期儿童学习与发展的标准，并且给托幼机构工作的开展提供了明确清晰的目标。

学者们关于教育功利化的担心不无道理。罗妹和李克建[10]的研究就发现，中国家长往往通过儿童的学业表现来判断幼儿园的质量，家长在某种程度上对幼儿园服务质量的评价就是他们对其满意度的评价，确切地说是对幼儿园能否促进儿童学业的发展进行的评价。存在教育误区的家长倾向于认为教育的目的是使儿童在未来社会竞争中更具竞争力，将衡量教育质量的目光只放在提前对下一个教育阶段知识和技能的习得上，如幼儿园的儿童能认识多少小学阶段的字词、是否会做小学阶段的算术题。在港澳地区，3 岁的儿童在入园前甚至要接受面试。这无疑是在对儿童发展结果的过度强调下造成的怪异现象。尽管有以上弊端，当我们选取不同类型的、数量较多的托幼机构作为研究样本时，儿童发展水平仍旧可以作为检验学前教育有效性和政策性工具有效性的标尺。

二、学前教育质量的测评

"评价"是评价主体对评价对象的价值判断活动。从过程上看，教育评价是量化测量（或质性描述）与价值判断的总和，即评价是在量（或质）的描述基础上开展的价值判断活动。学前教育质量评价，是指对学前儿童保教环境质量、影响保教环境质量的因素，以及儿童发展水平进行的测量与评价活动。

2016 年，美国教育专家 Pianta 提出了学前教育质量的四个视角，分别是：结构性质量、师幼互动质量、整体质量和质量监测系统。其中，结构性质量、师幼互动质量和整体质量均有很多具有针对性的测评工具；质量监测系统是监测学前教育质量的综合性政策工具，政府与学者会针对本国的质量监测系统开展相应的元评价研究，来检验其有效性。本节对 Pianta 提出的四个学前教育质量视角进行简要阐述，并介绍各质量视角下有代表性的测评工具。

1. 视角一：结构性质量及其测评

对托幼机构结构性质量的调节，往往基于政府的明文规定、财政投入、专项等手段。国家制定的质量标准或权威专业机构（如全美幼教协会）所推荐的质量标准往往会被当作行业内的权威依据。结构性质量虽然依赖于政府的宏观调控，但各国在具体实施政策的过程中仍面临诸多客观因素的挑战。例如，当前国内外托幼机构均普遍存在师资匮乏的问题，中国很多托幼机构实际的班额和师幼比甚至无法达到政府规定的最低要求，部分农村幼儿园的班额甚至会超出规定的40%[11]，而此类系统性问题的解决并非一朝一夕的事情。

幼儿教师的专业发展水平是结构性质量的重要内容，也是托幼机构质量评估的重要方面。教师的专业发展主要指教师作为教学专业人员，在教育观念、专业知识与能力、专业态度与动机等方面的持续发展与提升，这意味着他们由新手型教师成长为专家型教师。正如前文所说，"结构性质量多由权威机构制定质量标准"，各国政府也制定了有关教师专业水平的相关标准，如美国国家专业教学标准委员会（National Board for Professional Teaching Standards，NBPTS）制定的《优秀幼儿教师专业标准》明确指出，幼儿教师应具备专业责任与道德，能够以诚实、正直和公平的方式高效地完成工作，并具有奉献学前教育事业的精神；我国《幼儿园教师专业标准（试行）》也明确提出，幼儿教师应热爱学前教育事业，拥有良好的职业道德和职业理想，履行教师职业道德规范，关爱幼儿发展并尊重幼儿人格，富有爱心、责任心、耐心和细心等。表 3.1 列举了几项教师专业发展水平相关的问卷，涉及对教师的教学知识、儿童观念、性格及依恋特征、情绪与行为管理、自我效能感、职业承诺等方面的衡量。

表 3.1　教师专业发展及其影响因素的测量问卷

量表名称	测量内容	量表作者与年份
NEO 大五人格量表（NEO Five-Factor Personality Assessment）	人格	Costa & McCrae，1992
成人依恋问卷（Adult Attachment Scale）	成人依恋	Collins & Read，1990
抑郁焦虑压力量表（Depression Anxiety Stress Scale）	情绪与压力	Lovibond & Lovibond，1995
简明坚持性评量表（Short Grit Scale（Grit-S）	坚毅力	Duckworth & Quinn，2009
学习自我效能感量表（Academic Sense of Efficacy Scale）	自我效能感	梁宇颂，2000
应对方式问卷（Coping Style Scale）	应对方式	肖计划，许秀峰，1996
自评情绪智力量表（Self-rated Emotional Intelligence Scale）	情绪智力	Brackett et al.，2006
教学选择影响因素问卷（Factors Influencing Teaching Choice Scale）	职业选择影响因素	Watt & Richardson，2007

续表

量表名称	测量内容	量表作者与年份
教师职业承诺问卷（Teacher Occupational Commitment Scale）	职业承诺	李霞，2001
教师教学效能感问卷（Teacher Sense of Efficacy Scale）	教学效能感	Tschannen-Moran & Woolfolk Hoy，2001
儿童观念问卷（Ideas about Children）	儿童观念	Hamre，Pianta，Downer & Mashburn，2008
有效师幼互动知识问卷（Knowledge of Effective Teacher-Child Interactions）	教学知识	Hamre & Pianta，2007

2. 视角二：师幼互动质量及其测评

儿童在园的每时每刻都经历着不同程度的师幼互动，具体来说，师幼互动指的是成人在与儿童交往过程中对儿童做出的即时的、符合当时情境的恰当反应。不同国家的研究者探索了师幼互动对儿童发展的影响，发现师幼互动质量对儿童的认知、语言、社交情绪能力及执行功能的发展有积极的预测作用，高质量的师幼互动有助于儿童认知与语言的发展，能够提高儿童的学业成绩。此外，高质量的师幼互动对于处境不利的儿童有更为明显的帮助。可以说，师幼互动是学前教育质量的核心要素。

关于师幼互动质量的测量，一些研究团队与机构研发了相关评估工具。在此，我们选择三种被较为广泛应用的、经证实有效的测评工具加以介绍。

1）班级互动评估系统

提到师幼互动质量，就不得不提及美国学者 Pianta、La Paro 和 Hamre[11] 以"基于互动的教学"（teaching through interactions，TTI）为理论框架而研发的班级师幼互动质量的观察性评估工具——班级互动评估系统（CLASS）。该工具将师幼互动概括为三个具体的领域：情感支持、班级管理和教学支持。每个领域下面有3~4个维度，每个维度又由数条具体的指标构成，详见表 3.2。

表 3.2　班级互动评估系统的维度、指标与行为描述

领域	情感支持	班级管理	教学支持
维度	积极氛围 消极氛围 教师敏感性 关注儿童的观点	行为管理 活动安排效率 教学指导方式	认知发展 反馈质量 语言示范
指标	例如，积极氛围：良好关系；促进积极交流和尊重	例如，行为管理：清晰的期望；前瞻性；纠正不当行为	例如，认知发展：分析和推理；创造力挖掘；与现实生活相联系
行为描述	例如，关系：身体上的亲近；分享活动	例如，清晰的行为期望一致性；澄清规则	例如，分析和推理；为什么和/或怎样的问题

大量的实证研究表明，这三个领域与儿童认知发展和社会性情感发展有积极的相关性，如胡碧颖等 2019 年在广东省三个地区追踪测量了 589 名中班儿童，发现 CLASS 班级管理领域的得分能够预测儿童语言、数学、执行功能汉字识别能力的发展；CLASS 教学支持的得分能够预测儿童语言能力的发展。

研究证明，研究工具拥有良好的跨文化适应性和信效度，中国学者也检验了 CLASS 幼儿园版在中国的信效度和本土适用性，得到了良好的反馈。同时，针对托育机构的班级师幼互动质量的测量，CLASS 有婴儿版（CLASS-infant）和学步儿版（CLASS-toddler）两个版本可供使用。

2）照料者互动量表

另一个常见的衡量师幼互动质量的工具是照料者互动量表，亦称 Arnett 照料者互动量表（Arnett Caregiver Interaction Scale）。该量表评估了托幼机构教师在师幼互动过程中的行为表现，被广泛应用于美国的"早期开端计划研究与评估项目""开端计划和儿童体验调查项目"等大型学前教育质量研究项目。该量表基于四类成人-儿童互动类型——独裁型、权威型、宽容型和隔离型，构建了一系列的教师行为指标，评估了教师在强制、反应性、对于惩罚的解释等方面的表现。表 3.3 显示了该量表的四个维度及其对应的项目（行为指标）。

表 3.3　照料者互动量表中的项目内容

维度	项目编号	项目内容	解释（例子）
敏感性	1	温柔地对儿童讲话	积极的语音语调和身体语言
	3	专注地听儿童讲话	看着儿童，点头，重述儿童的观点，参与对话
	6	享受与儿童之间的互动	通过微笑、接触、认真的谈话传递温暖的氛围
	7	当儿童犯错时，向其解释他们的错误	纠正儿童的问题行为，告诉他们替代行为
	8	鼓励儿童体验新的活动	帮助儿童开始玩新的材料
	11	积极、热情地参与与儿童的互动活动	表扬儿童，认可他们的努力
	14	能关注每个儿童的不同	互动时能叫出儿童的名字，对他们独特的行为进行评价
	16	用儿童能够理解的方式与儿童对话	使用儿童熟悉的词汇
	19	鼓励儿童展示前社会性行为	鼓励儿童展示分享、合作等社会性行为
	25	与儿童交谈时，会蹲下、弯腰或坐下，从而能够以方便儿童的方式与儿童进行语言沟通、眼神交流	当与儿童交谈时，持续地保持情感连接

续表

维度	项目编号	项目内容	解释（例子）
惩罚	2	对儿童很严厉	贬低儿童、恐吓儿童
	4	需要儿童完全顺从	让儿童按照成人的日程安排行事，不能灵活地处理幼儿园一日生活中的各种事件
	10	恼怒和充满敌意地与儿童交谈	尖锐的语调、提高嗓门
	12	以威胁儿童的方式控制儿童行为	使用诱惑或威胁来惩罚儿童
	17	惩罚儿童而不给予解释	不与儿童讨论其违反纪律的行为
	20	频繁地指出儿童的错误	负面的语调、过度严厉
	22	频繁禁止儿童去做其想做的事情	固执地执行死板的时间表
	24	期望儿童去练习自我控制能力	以支持性的方式要求儿童合作、塑造儿童的行为期望
	26	责骂或禁止儿童行为时过于严厉	愤怒的声调、摇晃儿童、体罚等
分离	5	与儿童保持距离；与儿童缺少接触	儿童与教师分开坐，不与儿童接触
	13	有限地参与儿童的活动，不与儿童互动	教师在儿童活动期间进行其他工作
	21	对儿童的活动并不感兴趣	不参加儿童的活动，不与儿童聊天
	23	不能时刻地监督儿童	在儿童活动期间离开
放任	9	不会向儿童施加很多控制	不会强制儿童参加活动或遵守时间表
	15	不会在儿童犯错时严厉训责儿童	认识到儿童需要时间来学会控制自己的行为
	18	持续性练习	清晰的、直接的指导，检查儿童对知识的理解

3）儿童-照料者互动量表（Child Caregiver Interaction Scale，CCIS）

儿童-照料者互动量表是美国学者 Barbara Carl 及其研究团队研发的，主要基于发展适宜性教育实践（developmentally appropriate practice，DAP）进行建构。DAP 包括以下三项内容：①了解儿童不同年龄阶段的发展与学习的特征，并基于此来设计适合当前阶段的活动、玩教具/材料、互动；②了解班级内每位儿童的个体差异，发展他们独特的优势、兴趣和需要；③掌握儿童所在社会文化情景中的相关知识，确保儿童拥有被充分尊重文化背景的互动体验。

基于此，CCIS（2010 年修订版）有三个领域（情绪领域、认知/身体领域、社会性领域），共包括 14 个项目，每个项目包括大量的行为指标，展示了教师在互动中的具体行为评分。CCIS 采用 7 点评分制：1 分（不足）；3 分（较低）；5 分（良好）；7 分（优秀）。表 3.4 显示了 CCIS（修订版）的三个领域和相应的 14 个项目（省略了下属的 168 个行为指标）。

表 3.4　儿童-照料者互动量表（修订版）的领域和项目（168 个行为指标省略）

领域	项目
情绪领域（Emotional Domain）	语调（Tone of Voice）
	接纳性/尊重儿童（Acceptance/Respect for Children）
	喜欢并欣赏儿童（Enjoy and Appreciate Children）
	对儿童的期望（Expectations for Children）
	健康与安全（Health and Safety）
认知/身体领域（Cognitive/ Physical Domain）	常规/时间安排（Routines/Time Spent）
	关注身体（Physical Attention）
	纪律（Discipline）
	语言发展（Language Development）
	学习机会（Learning Opportunities）
	参与儿童活动（Involvement with Children's Activities）
社会性领域（Social Domain）	促进前社会性行为/社会情绪性学习（Promotion of Prosocial Behavior）
	根植于文化（Arrival）
	与家庭的关系（Relationships with Families）

3. 视角三：整体质量及其测评

整体质量（overall quality）可以看作是结构性质量和过程性质量的总和，包含的质量要素广泛，涉及托幼机构的环境设施和玩教具等可移动和不可移动的物理环境设置、课程的内容与安排、师幼互动等一系列托幼机构中可观测的静态质量与动态质量。整体质量的视角强调过程性质量的重要意义及结构性质量对过程性质量的支持作用，其评估的对象可以是班级，也可以是托幼机构。

20 世纪 80 年代初，北卡罗来纳大学教堂山分校 FPG 儿童发展中心的 Harms、Cryer 与 Clifford 三位教授研发了幼儿学习环境评价量表（Early Childhood Enviornment Rating Scale，ECERS）。时至今日，该量表都是评估班级整体质量最具代表性的观察性评估量表。该量表出版后几经修订，见证了美国的主流幼儿教育界对高品质幼儿教育质量逐步解析、完善的过程。其中，ECERS 的修订版（Early Childhood Environment Rating Scale-Revised，ECERS-R）是当前应用范围最为广泛的一个版本。ECERS-R 量表包括七个子量表，涉及了班级结构性质量和过程性质量内容的各个方面。每个子量表中又有若干个项目来具体衡量，详见表 3.5。

表 3.5 ECERS-R 中的项目与指标简介

子量表	项目	各项目中的"过程性指标"的比例/%	指标（例子）
空间与设施	1. 室内空间 2. 日常照料、游戏和学习设施 3. 休闲和舒适的设施 4. 室内游戏空间规划 5. 私密空间 6. 儿童陈列品 7. 大肌肉活动空间 8. 大肌肉活动器材 子量表中过程性质量的百分比	0 0 0 0 28.6 0 0 0 2.5	项目 1 "室内空间"的部分指标 1.2 缺乏足够的照明、通风、温度调节或吸音设备。 3.2 有足够的照明、通风、温度调节和吸音设备。 5.2 通风良好，自然光可通过窗户透入室内。 7.2 可以调节通风（如可以开窗，使用抽气扇）
个人日常照料	9. 入园和离园 10. 正餐/点心 11. 午睡/休息 12. 如厕/换尿片 13. 卫生措施 14. 安全措施 子量表中过程性质量的百分比	100 55.6 50 35.7 54.5 30 55	项目 9 "入园和离园"的部分指标 1.1 经常忽略跟儿童打招呼。 3.1 教师跟大部分儿童亲切地打招呼（例如，教师看到儿童时很高兴，面带微笑，说话的语气令人愉快）。 5.1 每个儿童都得到个别的招呼（例如，教师叫儿童的名字并说"你好"）。 7.1 儿童入园时，如果有需要，教师会帮助他们融入活动
语言-推理	15. 图书和图片 16. 鼓励儿童交流 17. 运用语言发展推理技能 18. 语言的非正式运用 子量表中过程性质量的百分比	27.3 55.6 100 100 69	项目 16 "鼓励儿童交流"的部分指标 1.2 可拿来鼓励儿童交流的材料很少。 3.2 有一些可以拿来鼓励儿童交流的材料。 5.2 在自由游戏和集体活动时间都有交流活动（例如，儿童口述关于绘画的故事，小组讨论，参观商店）。 7.2 教师将儿童的口语交流和书面语言结合（例如，将儿童口述的内容书写下来，然后再读给儿童听；帮助儿童给父母写便条）

子量表	项目	各项目中的"过程性指标"的比例/%	指标（例子）
活动	19．小肌肉活动	0	项目 9 "美术"的部分指标
	20．美术	44.4	
	21．音乐/律动	40	1.1　很少给儿童提供美术活动。
	22．积木	0	3.1　儿童每天至少有 1 小时可以取用一些美术材料。
	23．沙/水	0	
	24．角色游戏	0	5.1　一天当中有相当多的时间儿童可以取用许多各式各样的美术材料。
	25．自然/科学	30	
	26．数学/数字	30	
	27．电视、录影及/或计算机的运用	27.3	7.1　至少每个月都提供立体美术材料（如黏土、木料等）
	28．促进接受多元性	30	
	子量表中过程性质量的百分比	20	
互动	29．大肌肉活动的管理	100	项目 29 "儿童一般管理"的部分指标
	30．儿童一般管理	100	1.1　对儿童的看管不够（例如，教师任由儿童无人管理，儿童的安全没得到保障，教师主要处理其他工作）。
	31．纪律	91.7	
	32．师幼互动	100	3.1　看管充分，足以保障儿童安全。
	33．同伴互动	100	5.1　看管仔细，而且根据儿童的年龄和能力做出适当的调整（例如，对小龄或较冲动的儿童倍加关注）。
	子量表中过程性质量的百分比	98	
			7.1　教师跟儿童谈论与游戏相关的理念，向他们提问和提供资讯，借以开拓他们的思维
课程结构	34．日程表	36.4	项目 35 "自由游戏"的部分指标
	35．自由游戏	30.0	1.2　供儿童在自由游戏中使用的玩具、游戏和设备不足。
	36．集体活动	40	3.2　提供看管以保障儿童的健康和安全。
	37．残障儿童支援	92.9	5.2　借看管促进儿童游戏（例如，教师帮助儿童取他们要用的材料，帮助儿童使用难以操作的材料）。
	子量表中过程性质量的百分比	53	
			7.2　定期引入一些自由游戏的新材料和新经验（例如，轮流转换材料，根据儿童的兴趣增加活动）

续表

子量表	项目	各项目中的"过程性指标"的比例/%	指标（例子）
家长与教师	38. 家长支援	69.2	项目 40 "教师专业需要支援"的部分指标
	39. 教师个人需要支援	0	1.2　没有提供时间让教师离开儿童处理个人需要（例如，没有休息时间）
	40. 教师专业需要支援	0	
	41. 教师的互动与合作	100	3.3　有一些存放个人物品的地方。
	42. 教师督导与评价	100	5.3　每天都有上午、下午和午餐的休息时间。
	43. 专业发展机会	66.7	
	子量表中过程性质量的百分比	55	7.3　教师可决定自己的弹性休息时间
	过程性质量的总百分比	44	

　　很多国家的学前教育质量研究团队也积极研发 ECERS 量表在不同文化背景下的版本。2013 年，李克建、胡碧颖研究团队在借鉴 ECERS 的理论架构、测量学特性及其中国本土试用研究的基础上完成了 ECERS 的中国本土化修订，编制了中国托幼机构教育质量评价量表（Chinese Early Childhood Environment Rating Scale，CECERS）（试用版）。CECERS 坚持并体现了 ECERS 对于托幼机构班级整体质量判定的八个重要标准：自由选择性、独立性、自由创作、多样化、计划性、积极氛围、监督管理和成人角色。此外，基于中国幼儿教育质量评价的实际需要，CECERS 纳入了第九个标准"均衡性"，即在班级质量评价的过程中，既要衡量课程领域之间的均衡、幼儿身心各方面发展的均衡，也要考虑各种活动形态之间的均衡，尤其是成人主导活动与幼儿自主活动之间的均衡，以及集体的、分组的与个别的活动之间的均衡，同时还要考虑东西方之间的文化、教育价值观的均衡。该标准的纳入，增强了 CECERS 对于中国国情和文化教育情境的适宜性。

　　英国也结合 ECERS 表研发了更具有文化适应性的版本。21 世纪初，英国实行了《早期基础阶段法定框架》，旨在通过游戏活动促进儿童发展技能，而 ECERS-R 不具备评估此课程的能力。基于此原因，英国著名的研究项目 EPPE[①] 开发了适应新课程的量表——幼儿学习环境评价量表（课程增订本）（Early Childhood Environment Rating Scale-Extension，ECERS-E）来增补 ECERS-R，强调了对具备"提高"或"支持"作用的学习策略的评估。该量表在美国与其他地区也得到了广泛应用，美国对早期读写和数学的重视，对早期科学、环境学习和

——————————
　　① EPPE 的全称为"提供有效学前教育"（The Effective Provision of Preschool Education），是英国的一项关于学前教育效果的大规模前瞻性纵向研究，自 3 岁起跟踪观察了 3000 多名儿童，在儿童 3 岁和 5 岁时收集了有关儿童认知能力和社会/行为能力的评估数据。

全纳教育的关注均受 ECERS-E 评量标准的影响。ECERS-E 与 ECERS-R 相得益彰，为全球不同文化背景下渴望不断提高自身教育质量、完善自身教育实践的托幼机构提供了严谨可信的质量反馈。

尽管 ECERS-R 量表测量覆盖面很广，也难免会有遗漏的内容。有专家指出，ECERS-R 评价指标中没有很好地体现师幼关系及其互动质量（尤其是师幼之间的情感连接）。另外，ECERS-R 也没有评估儿童体育锻炼的内容和强度。由此可见，要全面覆盖所有的对儿童各方面发展有影响的质量内容，还需要研究者们持续不断的努力。

除 ECERS 外，国际儿童教育协会（International Childhood Education Institute，ICEI）研制的全球指导性评估量表（Global Guidelines Assessment，GGA）与中国的 CECERS 也都测量了托幼机构班级整体质量，反映了多元文化背景对多元质量标准的诉求。

4. 视角四：质量监测系统（政策工具）的视角及其元评价——以 QRIS 为例

此视角关注政府如何通过大规模的幼儿园质量测评（政策性工具）提升本地区托幼机构的整体质量。在质量监测系统中，托幼机构能够通过持续的评估与督导、政策及资金支持，系统性地、动态性地获得质量的提升。

1）美国质量评定与提升系统简介

美国质量评定与提升系统（quality rating and improvement system，QRIS）是美国以州政府为主体实施的学前教育综合性项目，其功能是对托幼机构的质量进行监测与评级，通过一系列的政策手段来改善机构质量，同时帮助家长更为理智地选择托幼机构。尽管各州 QRIS 实施情况有所不同，但各州的 QRIS 通常包含五项基本内容，如图 3.2 所示。

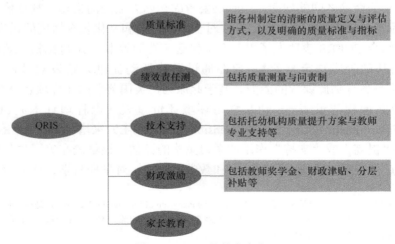

图 3.2　QRIS 的基本内容

参与 QRIS 的托幼机构接受评级，并向大众公布结果，家长可以使用这些评级信息去选择保教机构。为了得到更多家庭的选择，托幼机构会努力提升其保教质量。此外，在评级结束后，托幼机构也可以得到 QRIS 制定的、有针对性的质量提升计划、教师培训与辅导和政府财政补助或奖励，其后可申请再一次评级。尤其是低质量托幼机构更能从中获益，财政补贴也有针对性地流向处境不利儿童，从而维护教育公平，其运作过程如图 3.3 所示。

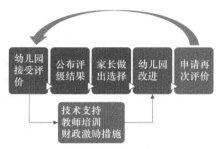

图 3.3 QRIS 的基本运作

2）QRIS 的元评价研究

美国 QRIS 实施的核心内容是托幼机构教育质量的评定，有效的质量评定对 QRIS 至关重要，此外，QRIS 的运作目的是促进托幼机构质量的提升，该系统的运作是否能有效促进质量的提升，也需要实证研究的检验。因此，自美国开展 QRIS 以来，各州在 QRIS 实施过程中持续地开展 QRIS 元评价研究，并总结实施效果。这些研究可归纳为四类：①考察质量的基本概念的有效性的研究；②考察质量测量的有效性的研究；③考察质量评定结果的有效性的研究；④考察质量评定与儿童发展水平的关系的研究[13]。这些研究可用来探索质量标准是否可靠、测量与评定工作是否按要求实施等。表 3.6 为四类 QRIS 有效性研究概述。

表 3.6 四类 QRIS 有效性研究概述

有效性研究	研究目的	研究内容	研究数据	分析与方法
考察 QRIS 质量标准的有效性	考察 QRIS 质量成分、质量标准与指标是否准确有效	1. 对质量成分、质量标准与指标进行验证、筛选； 2. 支持质量标准和指标的证据或专家建议是否充足	1. 质量标准和教育目标之间关系的数据；关于质量标准和指标的专家意见； 2. 关于提升教育质量，促进儿童发展的经验性文献	1. 搜集并讨论质量标准与教育目标之间的关系及文献分析； 2. 集体讨论（如，焦点小组）并对质量成分进行详细说明
考察质量测量的有效性	1. 考察指标的记录与测量是否准确、可靠； 2. 考察指标测量得分是否具有测量学意义； 3. 通过检查各指标测量之间的关系来评估指标的意义	1. 考察托幼机构管理者的自评报告或相关材料来评估指标测量； 2. 考察各指标测量之间的相关性； 3. 考察各指标测量的得分分布	1. QRIS 托幼机构提供的数据； 2. 通过托幼机构工作人员的自我报告或者材料检查； 3. 现场观察测量	1. 研究指标的分数分布； 2. 研究各指标得分之间的相关性； 3. 研究指标的观察测量的评分者间信度； 4. 研究指标测量的复查信度

续表

有效性研究	研究目的	研究内容	研究数据	分析与方法
考察托幼机构评级结果的有效性	1. 通过考察托幼机构评级与二次测量的关系来确认评级工作是否专业、有效； 2. 调整 QRIS 质量标准； 3. 通过考察每个类型的托幼机构的评级分布来确定评级结论是否有效； 4. 通过调整评级分数线与评级规则来区分不同质量水平	1. 考察各质量等级的托幼机构在二次测量中的数据表现，通过调整指标、评级分数线及评级规则来确定机构评级的有效分布； 2. 各类型托幼机构的评级分布； 3. 家长对评级结果的评价	1. QRIS 托幼机构评级结论； 2. 托幼机构质量测量的原始数据； 3. 二次测量（用其他测量工具对托幼机构进行二次测量，并与 QRIS 评级结果进行比较）的原始数据； 4. 家长评价的质性资料	1. 研究每个类型托幼机构的评级分布； 2. 研究 QRIS 评级数据与二次测量数据的相关性，并对二次测量的数据进行方差分析； 3. 通过调整指标和评级分数线来改变评级分布； 4. 对家长评价进行质性分析
考察托幼机构质量与儿童发展水平的关系	考察 QRIS 托幼机构评级与儿童发展水平之间的关系来确定托幼机构等级是否与儿童发展水平有关	QRIS 中，高质量托幼机构中的儿童在认知、情绪和社会性发展方面是否比低质量托幼机构中的儿童表现得更好	1. QRIS 托幼机构的评级数据； 2. 第三方评估者对样本儿童发展水平的评估，家长与教师对样本儿童发展水平的评估	1. 对儿童进行观察测量及访谈； 2. 研究托幼机构评级（或教育环境质量）与儿童发展水平的关系

资料来源：Zellman G L, Fiene R. Validation of Quality Rating and Improvement Systems for early care and education and school-age care[R]. Research-to-Policy, Research-to-Practice Brief OPRE 2012-08, 2012.

当前，除 QRIS 外，很多国家（诸如英国、澳大利亚、芬兰、中国等）均会采用政策性工具系统性地评估与提升学前教育质量。例如，澳大利亚儿童教育与保育质量管理局（Australian Children's Education & Care Quality Authority，ACECQA）于 2009 年正式颁布了《国家质量框架》，并将机构资格认定（机构运营资格）和机构评级相结合。澳大利亚政府理事会在 2012 年正式实施了"学前教育质量监管系统"。该质量监管系统由 ACECQA 作为全国性的托幼机构质量监管机构，负责依据《国家质量框架》中的质量标准及其相关的评估程序对所有托幼机构实施统一管理。全国的托幼机构每三年参加一次评级，判定其运营资格，并依据评定等级获取相应的政府支持。该系统的建立也是澳大利亚近年来"保教一体化"的国家学前教育发展战略的重要一步。

第二节 学前教育质量系统的静态与动态模型

儿童发展可以理解为是一个多层次的、各种要素持续相互影响的复杂动力系统[14]。这些多层次的要素从微观到宏观层面，包括儿童个体认知、情绪社会性等领域，以及家庭社会经济地位、家庭亲子互动、班级结构性质量、班级师幼互动、教师专业发展支持、社会经济地位、社会文化等要素。基于生态系统理论和动态系统理论，学前教育质量也可视为一个复杂的系统。在该系统中，结构性质量动态地、非线性地促进师幼互动质量的变化。生态系统理论认为，各种环境要素构成了儿童发展的生态系统，儿童的发展就是在该系统的发展与影响的过程中实现的。在早期教育环境中，多层次（如班级/幼儿园/社区）和多维度（如教师质量/空间设施质量）的结构性质量要素支持了师幼互动质量，师幼互动质量继而影响儿童发展。因此，一些学者建议采用系统的视角来检验结构性质量和过程性质量之间的关系。总之，学前教育质量各要素之间有密切的关系。各质量要素共同构成了系统性的学前教育质量模型。

胡碧颖研究团队在参考了一系列学前教育质量内涵及大量实证研究的基础之上，构建了关于学前教育质量系统的静态和动态两个模型，进一步清晰化了学前教育质量的面貌，以及质量要素之间的逻辑关系。

一、静态质量模型

对学前教育质量的评价，不能忽视滋养其成长的社会文化背景与政府的调节功能。联合国教科文组织在其《EFA 全民教育全球监测报告 2005》中指出，构建学前教育质量指标体系应将学前教育放在整个社会发展的大背景下来考察，并强调评价和监测学前教育发展的功能。这说明在建构学前教育质量标准的理论框架时，应考虑质量体现在儿童、班级、机构、社区、地区、社会（包括文化）等不同层面，增设能够反映学前教育社会背景的质量标准，并关注学前教育质量标准的评价的监测与决策功能。

此外，生态系统理论的个体发展模型认为，发展中的个体嵌套于相互影响的一系列环境系统之中。这个理论也可以为模型的构建提供参考。在学前教育领域，学前儿童教育环境包括一系列影响儿童发展的近端（proximal）与远端（distal）要素。近端要素与儿童直接交互作用，如师幼互动、玩教具、课程计划等；远端要素间接影响儿童发展，如托幼机构管理者领导力、政府质量监控、教师培训等。不同层面的环境要素依次相互嵌套，交互作用，并影响儿童发展。

在此基础上，胡碧颖团队构建了静态质量模型，对不同层面的质量进行描述。在这个模型中，学前教育质量作为儿童发展生态系统中的要素，被视为一个系统，在该系统中，质量围绕着儿童发展目标这一中心（以促进儿童发展为目标），体现在从微观到宏观的不同水平之中，如图 3.4 所示。

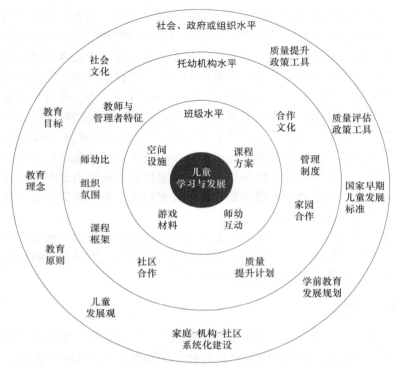

图 3.4　学前教育质量的静态质量模型

二、动态质量模型

学前教育质量包括结构性、过程性和结果性质量领域，各领域又同时包含一系列质量要素。不同水平的质量各要素（儿童、机构、班级、社会文化与政府）之间存在广泛而深刻的交互作用。那么，质量要素以什么样的模式交互作用，并最终促进儿童发展呢？基于 Connors 的质量模型和 CIPP 质量评价模式，从"结构性质量→过程性质量→结果性质量"模型的角度出发，胡碧颖团队建构了动态质量模型，见图 3.5。

在动态质量模型中，结构性质量和过程性质量之间互相关联、互相影响，而诸如师幼互动等过程性质量与儿童发展水平（结果性质量）密切相关。这些动态关系的构建基于一系列实证研究。

1. 结构性质量与过程性质量的关系

结构性质量包括托幼机构的内部政策，机构和班级的空间设施、材料与课程方案，教师与管理者个体特征等质量要素。一些结构性质量与过程性质量（如师幼互动）有关。基于此，相关研究往往以一些结构性质量为预测变量，以师幼互动质量为结果变量，检验两者之间的线性关系。

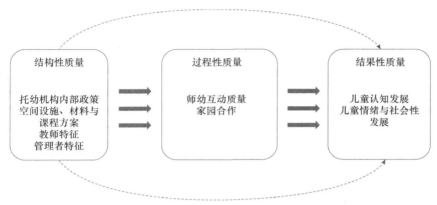

图 3.5　学前教育质量的动态质量模型

注：1. 托幼机构内部政策，包括师幼比、班级规模、人事管理制度、工资福利、教师职后培训、质量提升计划、收费与资金投入、家园合作政策、社区合作政策等；

2. 空间设施、材料与课程方案，主要指托幼机构和班级层面的结构性质量要素，包括空间设施、玩教具、游戏材料、课程设置（框架）、课程内容与形式等；

3. 教师特征，包括教师教龄、受教育水平、专业发展水平等；

4. 管理者特征，包括管理者资质、个人特质、领导力等；

5. 师幼互动质量，以 CLASS 为理论框架，包括情绪支持、班级管理和教学支持三个质量领域；

6. 家园合作，主要是托幼机构通过与家庭和社区的合作来系统性地促进儿童发展；

7. 图中实线代表直接的关系，虚线代表间接的关系。

1）班级规模和师幼比

班级规模和师幼比是研究中最常见的班级结构性质量预测变量，但其在不同国家的不同研究中的预测效果却不同。有研究发现，较小的班级规模、较高的师幼比与高质量的师幼互动相关。然而，研究并没有发现班级规模和师幼比能显著预测师幼互动质量，也未发现师幼比和班级规模与师幼互动质量之间的显著关联。另外，一项早期的跨文化研究显示，在德国和美国，较高的师幼比与高质量师幼互动有关，但在西班牙和葡萄牙，这个相关性则不存在。

2）教师受教育水平

在教师受教育水平（如教师第一学历）方面，大量研究显示拥有较高学历的幼儿教师能够提供更高质量、更具支持性的师幼互动。但是，也有研究得出了不同的结论，如在美国，本科学历的教师和本科学历以下的教师所提供的师幼互动质量没有显著的差异。此外，教师的知识水平和儿童观也是结构性质量的要素，对班级互动有重要影响。胡碧颖等[9]发现，教师的学历和教龄能显著预测他们有关儿童教育的观念。工作时间较长、学历在本科及以上的教师更倾向于拥有以儿童为中心的教学观念，这有助于他们更好地开展教学实践。然而教师的所学专业和资格认证均不能预测他们的儿童观念[15]。

3）教师教龄

一些关于教龄和质量关系的研究的结论也不一致。在挪威，有研究表明，拥有较长教龄的幼儿教师的 CLASS 师幼互动得分更高。然而在美国，有研究发现，教师教龄与其班级师幼互动质量之间的关系是微弱的，甚至有学者发现两者之间的关系是负向的或是根本没有显著的关联。故而，当前学者们普遍认为，仅仅是教师教龄这一单一因素，是不能够作为预测师幼互动质量的稳定因素的，还需要结合以儿童为中心的教育观念和受教育水平等因素，才能更好地预测教师在师幼互动中的表现。胡碧颖研究团队于 2016 年在浙江省开展了一项结构性质量与班级整体质量之间的关系的研究，结果发现，结构性质量中教师薪资、学历、教师职称、师幼比这四个因素，对幼儿园整体环境质量的影响最大[16]。

4）教师职后培训

虽然 Early 等发现教师职后培训时间只能正向预测低学历教师的班级师幼互动质量，无法提升拥有本科学历教师的班级师幼互动质量，但是仍有大量的证据表明，教师职后培训与其他持续的专业发展项目对提升班级师幼互动质量有显著影响[17]。

5）管理者领导力

托幼机构管理者的领导力也是结构性质量的要素之一，领导者可以通过为机构制订清晰的发展规划和目标来建立良好的组织氛围，进而促进教师专业化发展水平的提升。研究发现，校长在学校工作中的高参与度能够提升教师在专业发展提升活动中的参与度。2017 年在香港地区展开的一项针对托幼机构管理层的质性研究发现，管理者们认为支持教师的专业化成长与发展能够有效促进教师提升其教学质量；与教师的定期沟通能促使管理者掌握教师的发展需求，且平等、合作式的交流氛围能够有效地促进教师的专业化成长与发展。Weiland 等检验了中国幼儿园园长领导力与教师压力的关系，显示园长领导力能够对教师工作压力和自我效能感产生影响[18]。

2. 过程性质量与儿童发展（结果性质量）的关系

过程性质量主要体现在师幼互动质量方面。大量的研究证明，师幼互动质量对儿童发展具有直接的影响。在这里，我们主要阐述基于 CLASS 测量的师幼互动质量是如何影响儿童各方面发展的。

1）情感支持与儿童发展

首先，情感支持能促进儿童认知技能的发展。研究表明，在高情感支持的班级中，儿童敢于尝试并参与各种学习活动，师生之间敏感的、反应性的互动为儿童的学习创造了一个安全舒适的环境。因此，高质量的情感支持与高水平的认知发展有关联，这些认知发展表现在儿童词汇与言语、阅读（如字母识别或词汇识别）、数学等学业成绩，以及儿童执行功能、自我管理、短时记忆、认知控制、解决问题能力的发展方面[19]。

也有纵向研究发现 CLASS 情感支持与认知技能发展之间有显著关联。Pianta 等[5]考察了班级质量对儿童阅读发展与数学发展的影响（样本儿童从 54 个月～5 年级），研究发现，得到情感支持的儿童在之后的阅读和数学学习中更倾向于有更好的表现。一项关于师幼互动质量对学业成绩的纵向研究发现，一年级教师的高情感支持与儿童的语音意识（phonological awareness）的增长有关。然而，也有研究者发现情感支持与儿童数学成绩没有关系[20]。

其次，情感支持与社交技能、问题行为的关系也被广泛证实。教师的情感支持能够促进儿童社交技能的发展[21]。研究显示，CLASS 情感支持与高水平的社交技能与低水平的问题行为有关。积极的、具有反应性的师幼互动有助于增强儿童参与班级活动的意愿。得到教师情感支持的儿童，会产生更多与幼儿园的联结感，在班级中表现出更少的问题行为及更好的社交能力。

最后，CLASS 情感支持与认知控制、工作记忆的线性关联。CLASS 情感支持与执行功能的非线性关系，样条曲线回归的结果发现，在 CLASS 情感支持的低分段（低于 5 分），情感支持能够负向预测执行功能和认知控制，但这些预测作用的效应量都比较小。还有一些研究没有发现情感支持与社交技能的关系。

2）班级管理与儿童发展

班级管理涉及教师主动对班级进行组织管理，建立清晰稳定的常规，确保儿童能够有效地利用时间和活动材料进行学习或游戏。班级管理与儿童的认知发展被许多学者关注。在班级管理水平高的班级中，教师能够使用恰当的策略，优化学习资源，将儿童的注意力引导到活动内容上来，并能最大限度地参与到活动之中。当发现儿童不良行为时，教师能够通过清晰、有效的管理策略重建班级秩序，帮助儿童调节他们的行为，减少不良行为的发生[22]。

研究发现 CLASS 班级管理与儿童参与活动的积极性有关。高质量的班级管理能够预测学前儿童的早期读写能力的发展和数学的学业成绩。一项研究发现，高质量的班级管理与儿童阅读成绩、词汇及概念的发展有积极相关。此外，Burchinal 等的一项考察 275 名学前儿童学习行为发展轨迹的研究发现，CLASS 班级管理能够显著预测儿童学习行为的增长[23]。

也有研究者认为 CLASS 班级管理与儿童学业成绩的关系是非线性的，Leyva 等在智利 1868 名 4 岁儿童的大样本研究中，采用样条曲线回归考察了 CLASS 班级质量与学业成绩的关系。研究发现，当 CLASS 班级管理达到高分段时（分割点为 5 分），班级管理能够积极预测儿童的语言技能、早期书写、早期数学的发展。然而，Burchinal 在以 849 名农村学前儿童为研究对象的研究中（采用分段回归，以 CLASS 班级管理 5 分为分割点）发现了不一致的研究结果：在 CLASS 班级管理得分高的班级中，班级管理与数学成绩的负向关系比在 CLASS 班级管理得分低的班级中更强[23]。

班级管理与儿童的执行功能、问题行为、社交技能的关系也是学者感兴趣的问题。研究发现 CLASS 班级管理与学前儿童的自我管理能力，特别是行为控制能力和认知控制能力之间有显著的积极关系。积极的 CLASS 班级管理与儿童认知控制有正向关联，有效的班级组织和管理能够给予儿童清晰的活动安排和行为预期，并有助于儿童自我控制和行为自我调节能力的发展。在管理质量高的班级中，教师采用主动的而不是被动的方式来管理班级，通过建立清晰稳定的常规，帮助儿童调节他们的行为，并提供儿童感兴趣的活动。此外儿童的活动或游戏进展都是受到教师指导的，儿童可以最大限度地参与到创造性活动中。管理质量高的班级中的儿童比在管理质量低的班级中的儿童有更高水平的任务导向（on-task）的行为，其问题行为的发生率较少，有更为积极的社交对话，对同伴有更多的积极合作行为，并表现出更好的社交技能，但也有研究发现 CLASS 班级管理与儿童自我管理能力之间没有关系。

3）教学支持与儿童发展

教学支持涉及教师具备的促进儿童高级思维发展的教学，以及教师鼓励儿童学习新的概念，对儿童认知技能的发展有着不可忽视的作用。在高质量 CLASS 教学支持的班级中，教师往往向儿童提供教学支架，通过提问和给予反馈为儿童的概念发展提供机会，对儿童的回答进行知识的延伸和扩展，鼓励和帮助儿童自主地解决问题，创造性地思考问题，发展更加复杂的、高级的思维与语言能力。

有研究发现，在幼儿园班级中高质量的教学支持能够预测儿童在学前班时期的语言（接受性语言、表达性语言、音韵、字母识别）、阅读、数学成绩，以及小学一年级的学业水平。教学支持与儿童在幼儿园阶段结束时的听写成绩有正向的线性关系，Siekkinen 等发现当教学支持处于高分段（3.25 分）时，教学支持对语言、阅读和数学的预测力更强。也有研究发现教学支持与儿童学业成绩之间没有关系[24]。

同时，教学支持与儿童执行功能、社交技能也有密不可分的关系。一些研究发现高质量的情感与教学支持的教学实践能够有效促进儿童社交能力的发展。CLASS 教学支持能够预测儿童的社交能力。在高质量教学支持的班级中，儿童移情水平更高，破坏性行为更少[25]。

高质量的教学支持与儿童高水平的注意力和任务导向行为有关。研究发现 CLASS 教学支持与儿童在学前期结束时的执行功能/认知控制有正向的线性关系。Weiland 等[6]的研究发现 CLASS 教学支持与儿童的认知控制的关系是非线性的，在高质量的班级中，教学支持与认知控制的关系更强。Burchinal 等[23]也发现教学支持与儿童适应性行为的关系是非线性的，CLASS 教学支持在达到门槛值（3 分）以后，能够显著正向地预测适应性行为能力，显著负向地预测问题行为。其他一些研究没有发现 CLASS 教学支持与社会情感技能之间的显著关系[25]。

李克建研究团队于 2016 年分析了"学习支持环境"质量和"教学和互动"质量对浙江省儿童发展水平的预测作用，结果发现，只有"教学与互动"质量能够有效地影响幼儿在语言、早期数学和社会性方面的发展，远远超过结构性质量对幼儿的影响[10]。

3. 质量要素之间的非线性关系

在学前教育质量中，结构性质量和过程性质量之间的关系是紧密的。然而，大量的研究发现，托幼机构结构性质量与师幼互动质量之间的关系较为复杂，很多研究结论并不一致。产生这一现象的原因可能是前人的研究较为依赖线性模型，很少探索两者之间的非线性关系。

由上文可知，一些结构性质量与师幼互动质量之间的线性关系的研究结论往往不一致，显示两者之间的关系可能是非线性的。但迄今为止，检验两者之间非线性关系的研究非常少。研究发现班级规模和教师受教育水平与过程性质量的关系是非线性的，即班级规模和教师受教育水平分别以非线性的方式支持教师实施师幼互动。胡碧颖等[9]采用广义可加模型（Generalized Additive Model，GAM）确定了师幼比、班级规模、教师工资和教龄分别与其班级师幼互动质量之间的非线性关系，并确定了两者之间关系的"天花板"和"地板"的阈值，即质量的门槛效应。

此外，大量研究探索了师幼互动质量与儿童发展水平的关系。Burchinal 分析了班级师幼互动质量与低收入家庭儿童发展之间关系的门槛效应。该研究采用分段线性回归研究了 CLASS 师幼互动对儿童发展水平的预测作用，结果发现：在高分段情感支持的班级中，情感支持能更强地正向预测儿童社交能力，情感支持得分对儿童的问题行为有更强的负向预测作用；在高分段教学支持的班级中，教学支持对于儿童的表达性语言和数学成绩的正向预测作用比在中低分段教学支持的班级中要强[23]。Weiland 等考察了公立幼儿园师幼互动质量与儿童发展水平之间的非线性关系，结果显示：在低质量班级中，情感支持水平与儿童接受性词汇发展水平的关系是负向的，即当质量的分数低于门槛值时，质量得分越高，儿童的接受词汇水平得分越低。此外，研究结果还显示，情感支持、班级管理和教学支持三个领域与儿童的认知控制能力之间的关系是非线性的[18]。Hatfield 等采用 B 样条回归，考察了 CLASS 测量的班级质量预测儿童入学准备技能的门槛效应，结果显示：在高分段情感支持质量的班级中，情感支持与执行功能和语音意识的关系更强；在高分段班级管理质量的班级中，班级管理与识字技能的关系更强。此外，在高分段的班级中，CLASS 班级管理和情感支持与儿童执行功能的关系更强，说明当师幼互动质量处于较高水平时，师幼互动质量对儿童入学准备技能的预测能力更强。此外，Leyva 团队在一项研究中，采用了样条回归来考察质量预测儿童发展水平的门槛效应，结果表明：高质量得分范围的 CLASS 班级管理分别与儿童的语言技能发展水平、早期写作和早期数学有显著的正向关联；高得分范围的 CLASS 情感支持正向预测儿童的早期写作水平。在低质量得分范围内，CLASS 情感支持负向预测儿童执行功能水平。CLASS 教学支持与儿童各领域发展水平之间没有任何关联。

总之，质量的动态模型体现了质量要素之间的相互影响（线性或非线性）的关系。简单来说，结构性质量会影响过程性质量，其中，托幼机构的内部政策（如师幼比、人事管理制度、教师培训、工资福利等）影响师幼互动，机构的空间设施、材料供应与课程方案制定，教师专业发展水平，家园合作和机构组织氛围（包括教师合作文化）。机构和班级的空间设施、材料与课程方案直接影响班级师幼互动质量。教师个体特征（如专业发展、教龄）会直接影响班级师幼互动、家园互动和组织氛围。管理者个体特征（如领导力）直接影响机构的空间设施、材料供应与课程方案的制定，机构内容和政策的制定，家园合作与社区合作，机构组织氛围，并间接影响教师专业发展和班级师幼互动质量。一些过程性质量，如机构和班级的空间设施、材料与课程方案也会间接影响儿童发展，但直接而深刻影响儿童发展的仍然是师幼互动（教学）质量，包括儿童认知与情绪的社会性发展。同时，家园合作、社区合作、机构组织氛围间接影响儿童发展。其中，机构组织氛围也会影响班级师幼互动。

第三节 学前教育质量对留守儿童的影响

"人生百年，立于幼学"，作为终身教育的起始环节，学前教育对儿童的影响深远。高质量的学前教育不仅影响儿童认知、情感和社会性等方面的发展，而且对儿童的入学准备、学业成就及长远发展产生深远影响。由于家庭教育缺失，学前教育质量对留守儿童的影响可能更为深远，具体来说，学前教育质量对留守儿童的影响可以分为结构性质量和过程性质量影响两方面。

一、结构性质量对留守儿童的影响

结构性质量指的是托幼机构和班级两个层面的可调节的静态质量，包含空间设施、师幼比、教师工资与福利、教师培训与进修、管理者领导力、课程方案、教师学历、教师专业发展水平等。目前有关结构性质量的各要素与留守儿童发展之间的关系的研究较少，因此我们在农村留守儿童学前教育现状的基础上来探讨学前教育的结构性质量对留守儿童产生的影响。

有研究发现，贫困的社区环境比贫困的家庭环境对儿童的身心健康影响更为显著。贫困的社区环境更加复杂无序，影响儿童集体效能感，长期处于这样的负性环境中，个体反社会行为、学业失败的比例会上升。留守儿童所处的社会环境通常比一般儿童要差，因此其问题行为相对较多。我国留守儿童近六成都在农村地区，农村地区的毛入学率为 29.69%，农村幼儿园的数量还不到全国幼儿园总数的一半，幼儿园的数量与需求之间存在着尖锐的供求矛盾，整个大的教育环境对留守儿童并不友好，这种环境可能会导致留守儿童无论是在教育机会还是教育资源或教学质量上从一开始就处于劣势地位。此外，学前留守儿童的微观教育环境质量也十分堪忧，主要表现在幼儿园的基础设施不达标、师资力量薄弱等方面。

首先，由于农村地区地域辽阔，政策和资金支持短缺，各地政府难以建立大量适合儿童发展的正规幼儿园来满足所有儿童就近入学的需求，因此农村地区家庭作坊式的幼儿园丛生。这些幼儿园通常规模较小，软、硬件设施不达标，缺乏教育器材，教育理念落后，既难以满足一般儿童的教育需求，也没有余力为留守儿童设立专项资金，更没有整套的课程和教育理念对留守儿童进行心理健康教育。

其次，由于父母不在身边，幼儿园离家远的儿童不得不寄宿在幼儿园，这种寄宿制在一定程度上缓解了留守儿童的教育与监管问题。由于学龄前儿童受身心发展水平的限制，自理能力弱，安全意识不强，这对寄宿制幼儿园的环境和管理水平提出了更高的要求。然而由于经费的限制，农村寄宿制幼儿园存在配套设置不完善、人员配备不到位、管理不力等问题。除了在安全、卫生等方面存在隐患外，这种寄宿制也难以弥补留守儿童的亲情缺失问题。

再次，农村地区留守儿童基数较大，教师不会将留守儿童当作特殊儿童，也不会对留守儿童进行特殊关照。在一项调查中发现，只有不到 50% 的留守儿童都能得到老师的关注，24.1% 的留守儿童从未得到老师的注意。学校和家庭的双重"缺位"对留守儿童的社会化造成了极大的负面影响。

最后，农村教师队伍的问题不仅表现在数量上，而且表现在质量上，还表现在教师专业化和素质水平上。目前我国农村幼儿园教师的学历结构整体水平偏低。例如，陈国维的研究发现，某乡镇幼儿教师共 29 名，其中大学及专科以上学历的教师只有 3 名，任课教师专业素质偏低直接影响幼儿的教育质量。同时，农村教师工资低、社会福利低、社会地位低等因素使得大学毕业生不愿意到农村学校工作，此外缺乏有效的激励制度无法吸引和留住合格的教师。师资队伍的不稳定使得留守儿童更加缺乏安全感和归属感。

二、过程性质量对留守儿童的影响

过程性质量是指与儿童学习和生活经历直接相关的人际互动的质量，包括师幼互动、同伴互动、课程（如发展适宜性的教育活动）、家长参与等质量要素。目前，大部分学者研究了师幼互动、同伴互动、家长参与留守儿童之间的关系，因此，以下从这三个方面探讨过程性质量对留守儿童的影响。

1. 师幼互动对留守儿童的影响

由于家庭功能的缺失、亲子关系的疏离、家庭成员亲密度较低，教师在一定程度上替代了留守儿童父母的职责与功能，教师进而成为留守儿童的重要他人，因此师幼关系对于留守儿童来说极为重要。鲁特的"负向连锁反应减缓发展模型"也表明亲密的师生关系可以缓解留守学前儿童与父母分离带来的连锁消极影响，良好的师幼关系在某种程度上能够弥补留守儿童家庭情感需求缺失所产生的不利影响，从而促进留守儿童健康成长。具体而言，师幼关系对留守儿童的非认知能力、心理健康、环境适应性等多方面产生影响。教师支持是师幼关系中的重要内容，它又包括学习支持、交往支持及情感支持。有研究发现，由于留守儿童长期缺少父母陪伴，情感需求得不到满足，因此教师的情感支持对留守儿童的非认知能力有显著的影响。此外，学习支持、交往支持、情感支持程度越高，留守儿童的学校适应性、开放性、学习毅力和交往能力越强；高水平的交往支持能够减弱留守儿童的消极情绪，总而言之，教师支持对留守儿童非认知能力的发展具有保护性作用[26]。崔雪梅的研究发现，师生互动风格对留守儿童的抑郁和焦虑问题有显著影响，并且相对于非留守儿童来说，师生互动风格对留守儿童的影响相对较大，而父母教养方式对留守儿童的影响相对较小。换而言之，对于留守儿童而言，师生关系比亲子关系更重要，积极的人际关系和班级环境能够有效弥补留守儿童亲情及监管的缺失。张建峰、冯德良将师生关系分为三类，分别是亲密型、冲突型、一般型。亲密型师生关系与留守儿童的孤独感之间呈显著负相关；冲突型的师生关系与留守儿童的孤独感之间呈显著正相关。还有研究表明，留守儿童攻击行为水平较高，师生互动风格对儿童的攻击行为有一定的预测作用。此外，良好的师生关系是学生适应学校的重要保护性因素，师生关系能够有效地预测儿童的学习适应、情绪适应及人际适应能力，亲密的师生关系与儿童的积极适应结果相关。

2. 同伴互动对留守儿童的影响

同伴关系是儿童在交往过程当中建立和发展起来的一种属于儿童之间的人际关系。良好的同伴关系能够促进儿童社会认知和社交能力的发展，也有利于儿童自我概念的形成，培养儿童良好人格，同时还能满足儿童对尊重、归属与爱的需求。有研究表明儿童的同伴关系与孤独感之间呈显著负相关，即同伴关系越好，孤独感就越低，并且同伴关系在家庭功能和孤独感之间起中介作用，这种中介作用在留守儿童身上同样适用并且更为突出。赵景欣的研究结果表明，农村留守儿童与父母间的紧密情感联结对于促进其心理适应具有保护作用，同伴接纳对儿童的亲情缺失具有补偿作用。因此，留守儿童无法从父母那儿获得的心理及情感需求往往可以转向同辈群体，从而在友谊中获得安全与归属感。此外，留守儿童的同伴关系与其问题行为息息相关。金灿灿等发现，同伴关系可以调节社会负性环境对留守儿童问题行为的预测作用。然而，低水平的友谊质量不仅不能满足儿童的心理需求、调节儿童的问题行为，还可能会导致儿童一系列问题行为。有研究发现，处境不利儿童的同伴关系质量与一般儿童不同，他们在与同伴交往的过程中存在攻击性强、缺乏社会技能和社交退缩行为等特征，处境不利对儿童身体和心理发展的各个方面均产生不良影响，这种不良影响不仅会表现在家庭中，而且会表现在生活中，如同伴关系不良、学业不佳、友谊质量较差等[27]。不良同伴关系是儿童在学校生活中挫折和失败的重要来源，也是导致儿童产生情绪及社会化问题的主要诱因。此外，班杜拉的社会学习理论指出，儿童主要通过观察和模仿来获得经验和知识，由于留守儿童年龄较小，心智不成熟，因此同伴的不良行为很容易互相影响，如果再缺乏有力的监护体系，那么孩子从友情中获得的负向效应要大于正向效应。

3. 家长参与对留守儿童的影响

家长参与是指家长以监护人、教师助手或志愿者的身份参与到与子女学习有关的事务中，是促进儿童发展、提升学校教育质量的重要途径。许多研究均表明，家长参与与各年龄阶段的儿童（包括学龄前）学业成绩均呈显著相关，并且家长参与能够正向预测学前儿童的整体入学准备水平。此外，Sewell 等发现家长参与、个人努力、父母鼓励等中介变量会降低家庭背景对儿童成长的影响，并对儿童成长有直接作用。这意味着留守儿童的家长参与能够有效调节贫困或父母常年在外等不利因素对儿童造成的影响。但是，由于父母流动性高，留守儿童不可避免地面临着家长在教育中参与度低的问题。通过比较留守儿童和非留守儿童的学习成绩发现，留守确实对儿童的学习有显著的负面影响，没有父母的支持和监督，留守儿童容易形成消极的学习态度，缺乏明确的学习目标，自我学习期望较低，认知发展水平较低。此外，大部分隔代抚养的祖父母受教育程度较低，使得儿童校外的学习辅导和监督途径减少，这些都会影响儿童的学业成绩，还会影响他们在学校的表现。而且，由于留守儿童父母长期在外，教师和家长之间缺乏沟通和协作，在教育孩子的过程中双方没有结成联盟，老师和家长甚至可能会因为监管不力而相互推卸责任，最终却由孩子来承担后果，这对留守儿童的发展极其不利。

参 考 文 献

[1] Grisay A, Mählck L O. The quality of education in developing countries: A review of some research studies and policy documents [R]. Paris: international institute for educational planning, 1991: 3-4.

[2] Dunn D T, Newell M L, Ades A E, et al. Risk of human immunodeficiency virus type 1 transmission through breastfeeding [J]. The lancet, 1992 (8819): 585-588.

［3］ Love J M, Kisker E E, Ross C M, et al. Making a difference in the lives of infants and toddlers and their families: The impacts of Early Head Start [C]. Washington, DC: Child Outcomes Research and Evaluation Office of Planning, Research, and Evaluation, Administration for Children and Families and the Head Start Bureau, Administration on Children, Youth and Families, Department of Health and Human Services, 2002.

［4］ Wishard A G, Shivers E M, Howes C, et al. Child care program and teacher practices: associations with quality and children's experiences [J]. Early childhood research quarterly, 2004 (1): 65-103.

［5］ Pianta R C E, Cox M J E, Snow K L E. School readiness and the transition to kindergarten in the era of accountability [M]. Baltimore: Paul H. Brookes Publishing Co., 2007.

［6］ Weiland C, Yoshikawa H. Impacts of a prekindergarten program on children's mathematics, language, literacy, executive function, and emotional skills [J]. Child development, 2013 (6): 2112-2130.

［7］ Early D M, Iruka I U, Ritchie S, et al. How do pre-kindergarteners spend their time? Gender, ethnicity, and income as predictors of experiences in pre-kindergarten classrooms [J]. Early childhood research quarterly, 2010 (2): 177-193.

［8］ 康建琴, 刘焱. 制定幼儿园评估标准需要澄清的几个问题 [J]. 学前教育研究, 2011（1）: 29-33.

［9］ 胡碧颖, 李克建. 学前融合教育质量: 相关概念解析与评价工具的理论构想 [J]. 中国特殊教育, 2012（5）: 3-7.

［10］ 罗妹, 李克建. 基于全国 428 个班级样本的学前教育质量城乡差距透视 [J]. 学前教育研究, 2017（6）: 8.

［11］ Pianta R C, La Paro K M, Hamre B K. Classroom assessment scoring system™: manual K-3 [M]. Baltimore: Paul H Brookes Publishing, 2008.

［12］ Zellman G L, Fiene R. Validation of quality rating and improvement systems for early care and education and school-age care [J]. Washington, DC: Office of Planning, Research and Evaluation, Administration for Children and Families, US Department of Health and Human Services, Research-to-Policy, Research-to-Practice Brief, OPRE, 2012, 29: 4-20.

［13］ Mantzicopoulos P. Conflictual relationships between kindergarten children and their teachers: Associations with child and classroom context variables [J]. Journal of school psychology, 2005 (5): 425-442.

［14］ Ballou D, Podgursky M. Reforming teacher preparation and licensing: Continuing the debate [J]. Mathematics in practice & theory, 2005 (1): 15-20.

［15］ Darling-Hammond L. Futures of teaching in American education [J]. Journal of educational change, 2000 (4): 353-373.

［16］ Neuman S B, Publishing P H B. Preparing Teachers for the Early Childhood Classroom: Proven Models and Key Principles [M]. Baltimore: Paul H. Brookes Publishing Co., 2011: 19-47.

［17］ Timperley H, Mcnaughton S, Howie L, et al. Transitioning children from early childhood education to school: teacher beliefs and transition practices [J]. Journal of sedimentary research, 2003 (2): 125-133.

［18］ Weiland C, Yoshikawa H. Impacts of a prekindergarten program on children's mathematics, language, literacy, executive function, and emotional skills [J]. Child development, 2013 (6): 2112-2130.

［19］ Howes C, Burchinal M, Pianta R, et al. Erratum to "Ready to learn? Children's pre-academic achievement in pre-Kindergarten programs" [J]. Early childhood research quarterly, 2008 (1): 27-50.

［20］ Peisner-Feinberg E S, Burchinal M R, Clifford R M. The relation of preschool child-care quality to children's cognitive and social developmental trajectories through second grade [J]. Child development, 2001 (5): 1534-1553.

［21］ Emmer E T, Stough L M. Classroom management: a critical part of educational psychology, with implications for teacher education [J]. Educational psychologist, 2001 (2): 103-112.

［22］Brock L L, Rimm-Kaufman S E, Nathanson L, et al. The contributions of 'hot' and 'cool' executive function to children's academic achievement, learning-related behaviors, and engagement in kindergarten [J]. Early childhood research quarterly, 2009 (3): 337-349.

［23］Burchinal M, McCartney K, Steinberg L, et al. Examining the Black-White achievement gap among low-income children using the NICHD study of early child care and youth development [J]. Child development, 2011 (5): 1404-1420.

［24］Siekkinen M, Goebel V, Plagemann T, et al. Beyond the future internet-requirements of autonomic networking architectures to address long term future networking challenges [C]. IEEE international workshop on future trends of distributed computing systems (FTDCS'07). IEEE, 2007: 89-98.

［25］雷万鹏，李贞义. 教师支持对农村留守儿童非认知能力的影响：基于 CEPS 数据的实证分析 [J]. 华中师范大学学报（人文社会科学版），2020（6）：160-168.

［26］丁利芳，宋占美. 处境不利儿童身心发展差异性研究：以贫困家庭儿童为例 [J]. 陕西学前师范学院学报，2018（7）：35-39.

［27］宋占美，杨文. 处境不利学前儿童的行为问题述评 [J]. 社会科学家，2017（5）：129-133.

第四章
家庭教养方式对留守儿童发展的影响

第一节　家庭教养方式的内涵及其测评

家庭教养方式作为家庭教育的核心要素，是家长教育理念、情感和行为的集合，不仅影响儿童的身心健康，还对儿童的认知、情感、社会性发展产生深远影响。本研究前期调研也发现，留守儿童父母家庭教养方式在部分题项中得分偏高。因此，必须重视家庭教养方式在留守儿童成长过程中的作用，优化家庭教养方式、促进留守儿童发展。

一、家庭教养方式的内涵

家庭教养方式也可以称为"养育方式"或"父母教养方式"，不同的学者对家庭教养方式有着不同的看法，目前家庭教养方式还没有统一的概念界定。国内外学者对家庭教养方式的看法主要包含三种。第一种观点认为父母的教养方式是父母的教养态度、教养行为及对儿童的情感表现的组合，这种组合方式具有情境稳定性，不随情境变化而改变，它能反映亲子互动的实质。第二种观点将家庭教养方式看作父母在养育孩子的过程中采取的一系列方法，主要包含宽容与限制、奖励与惩罚、温暖和引导。第三种观点认为家庭教养方式就是指家长在教养孩子的过程中最常见的行为倾向，它是各种教养行为特征的概括，是一种稳定的行事风格。

此外，从教养主体出发可将家庭教养方式分为广义和狭义两类，广义的家庭教养方式是指家庭成员间互相实施的一种教育，狭义的家庭教养方式是指父母对孩子及其他年幼的孩子实施的教育。因此家庭教养不仅仅是父母的责任，还是所有家庭成员的责任，对于父母常年在外的双留守儿童来说，他们的其他监护人（如祖父母、亲戚、哥哥姐姐等）就担负起了家庭教养的重任。此外，家庭教养方式不仅仅局限于家长对儿童的影响，亲子的双向互动和孩子的行为反馈也会影响到家庭教养方式。

二、家庭教养方式的测评

1. 父母养育方式评价量表（Egma Minnen av Bardndosnauppforstran，EMBU）

1980 年瑞典 Umea 大学精神医学系 Perris 等根据 Schaefer 提出的父母教养

方式的三种维度（接纳—拒接、心理自主—心理控制、严厉—放纵）编制了 EMBU 量表，详见表 4.1。该量表用以评价父母的教养态度和行为。原量表有 81 个项目，包含 15 种教养行为，每种行为涉及 5 个条目，还有 11 个不属于这 15 种行为的条目。这 15 种教养行为分别是剥夺、辱骂、过度保护、羞辱、鼓励、情感、惩罚、拒绝、过度干涉、偏爱同胞、归罪、行为取向、宽容、偏爱被试和非特异行为。对这些行为进行主因素分析，抽出了四个主因素，分别是：因子Ⅰ，偏爱被试或同胞；因子Ⅱ，管束、行为取向和归罪行为；因子Ⅲ的一极是情感温暖和鼓励行为，另一极是爱的剥夺和拒绝；因子Ⅳ，过度保护。该问卷一经发表，立即引起了临床心理学家的关注，1985 年 Amridell 等对该量表进行了心理测量学的分析，证明 EMBU 信效度良好，是研究家庭教养方式的有效测量工具。但是，由于题量过多、父母亲问卷维度不一致且题量不等、部分题目不符合我国国情等原因，尽管该问卷信效度很高，但没有在我国广泛应用。1993 年，我国学者岳冬梅对该量表进行了修订，对部分项目进行取舍。其中，母亲教养方式共 57 个项目，5 个因子，分别是过度干涉、过度保护，情感温暖、理解，惩罚、严厉，拒绝、否认，偏爱被试；父亲教养方式共 58 个项目，6 个因子，分别为惩罚、严厉，情感温暖、理解，过分干涉，拒绝、否认，偏爱被试，过度保护。该量表为 4 点量表，分为"从不""偶尔""经常""总是"四个等级。该量表在我国引用量较高，信效度均良好[1]。

表 4.1　EMBU 量表

1. 我觉得父母干涉我所做的每一件事	12. 父母不允许我做一些其他孩子可以做的事情，因为他们害怕我会出事
2. 我能通过父母的言谈、表情感受到他们很喜欢我	13. 在我小时候，父母曾当着别人的面打我或训斥我
3. 与我家庭其他成员相比，父母更宠爱我	14. 父母总是很关注我晚上干什么
4. 我能感到父母对我的喜爱	15. 当遇到不顺心的事时，我能感到父母的鼓励使我得到一些安慰
5. 即使是很小的过失，父母也惩罚我	16. 父母总是过分担心我的健康
6. 父母总试图潜移默化地影响我，使我出类拔萃	17. 父母对我的惩罚往往超过我应受的程度
7. 我觉得父母允许我在某些方面有独到之处	18. 如果我在家里不听吩咐，父母就会恼火
8. 父母能让我得到家庭其他成员得不到的东西	19. 如果我做错了什么事，父母总是以一种伤心的样子使我有一种犯罪或负疚感
9. 父母对我的惩罚是公平的、恰当的	20. 我觉得父母难以接近
10. 我觉得父母对我很严厉	21. 父母曾在别人面前唠叨一些我说过的话或做过的事，这使我感到很难堪
11. 父母总是左右我该穿什么衣服或该打扮成什么样子	22. 我觉得父母更喜欢我，而不是我的家庭其他成员

续表

23. 在满足我需要的东西时，父母是很小气的	45. 父母经常对我说他们不喜欢我在家的表现
24. 父母常常很在乎我取得的分数	46. 每当我吃饭时，父母就劝我或强迫我再多吃一些
25. 如果面临一项困难的任务，我能感到来自父母的支持	47. 父母经常当着别人的面批评我既懒惰，又无用
26. 我在家里往往被当作"替罪羊"或"害群之马"	48. 父母常常关注我交往什么样的朋友
27. 父母总是挑剔我所喜欢的朋友	49. 如果发生什么事情，我常是家庭成员中唯一受责备的人
28. 父母总以为他们的不快是由我引起的	50. 父母能让我顺其自然地发展
29. 父母总试图鼓励我，使我成为佼佼者	51. 父母经常对我粗俗无礼
30. 父母总向我表示他们是爱我的	52. 有时甚至为一点儿鸡毛蒜皮的小事，父母也会严厉地惩罚我
31. 父母对我很信任且允许我独自完成某些事	53. 父母曾无缘无故地打过我
32. 我觉得父母很尊重我的观点	54. 父母通常会参与我的业余爱好活动
33. 我觉得父母很愿意跟我在一起	55. 我经常挨父母的打
34. 我觉得父母对我很小气、很吝啬	56. 父母常常允许我到我喜欢去的地方，而他们又不会过分担心
35. 父母总是向我说类似这样的话——"如果你这样做我会很伤心"	57. 父母对我该做什不该做什么都有严格的限制而且绝不让步
36. 父母要求我回到家里必须向他们说明我在做的事情	58. 父母常以一种使我很难堪的方式对待我
37. 我觉得父母在尽量使我的青春更有意义和丰富多彩（如给我买很多的书，安排我去夏令营或参加俱乐部）	59. 我觉得父母对我可能出事的担心是夸大的、过分的
38. 父母经常向我表述类似这样的话——"这就是我们为你整日操劳而得到的报答吗？"	60. 我觉得与父母之间存在一种温暖、体贴和亲热的感觉
39. 父母常以不能娇惯我为借口不满足我的要求	61. 父母能容忍我与他们有不同的见解
40. 如果不按父母所期望的去做，就会使我在良心上感到很不安	62. 父母常常在我不知道原因的情况下对我大发脾气
41. 我觉得父母对我的学习成绩、体育活动或类似的事情有较高的要求	63. 当我所做的事取得成功时，我觉得父母很为我自豪
42. 当我感到伤心的时候可以从父母那儿得到安慰	64. 与我的家庭其他成员相比，父母常常偏爱我
43. 父母曾无缘无故地惩罚我	65. 有时即使错误在我，父母也把责任归咎于家庭其他成员
44. 父母允许我做一些我的朋友们做的事情	66. 父母经常拥抱我

此外，Arrindell 等在 EMBU（标准版）的基础上，严格按照心理测量的程序，

从中抽取 46 道题，形成了简化版的父母教养方式问卷（s-EMBU），该问卷仅保留情感温暖、过度保护和拒绝三个维度。由于其操作简单，信效度佳，该量表已被修订成多语言版并被广泛运用。

2. 父母教养方式问卷（Parenting Styles Questionnaire，PSQ）

PSQ 问卷在 20 世纪 90 年代常被国外学者广泛应用，该问卷由 Lamborn 等编制[2]，问卷测量的是儿童在家庭中对父母的教养行为的知觉，共包含三个维度，分别为爱（love）、卷入（involve）和反应（reaction）。问卷共 36 个项目。虽然该问卷拥有良好的信效度，但在我国应用较少，主要原因是该问卷的测量结果难以评估家庭教养方式的质量，也难以解释家庭教养方式如何对儿童的其他行为产生影响。

3. 父母养育方式量表（Parental Bonding Instrument，PBI）

20 世纪中期，Schaefer 根据自己对家庭教养方式的三个维度划分编制了儿童报告父母养育行为问卷（Children's report of Parental Behavior Inventor，CRPBI），在此基础上，Tupling 等在 1979 年编写了父母教养方式问卷（PBI），该问卷分为过度保护和关怀两个维度，共 50 题，有关母亲 25 题，父亲同数，题目与维度一致，其中过度保护维度 13 题，关怀维度 12 题。该问卷发放对象是成年子女，被试通过回忆作答。近年来，该问卷被各国学者广泛运用，许多研究运用该问卷发现父母高过度保护和低关怀与精神疾病（如抑郁、精神分裂、进食障碍等）呈显著相关。该问卷在我国的发放对象主要是大学生。

4. 父母教养方式与维度问卷（The Parenting Styles and Dimensions Questionnaire，PSDQ）

Robinson 等[3]在 1995 年开发了广泛使用的父母教养方式与维度问卷（PSDQ）来评估父母教养方式。设计 PSDQ 不仅是为了了解全球父母的家庭教养风格，还为了识别在不同类型背景下发生的具体的教养行为。具体地说，PSDQ 包括三个分量表，分别是评估权威型、专制型和宽容型父母。值得注意的是，PSDQ 并没有涵盖忽视型教养方式，因为这种教养方式在大多数文化中流行度不高，因此通常被排除在教养方式之外。权威型量表的项目包括父母的热情和敏感性、推理的使用和明确的指导。专制型量表包含的项目涉及言语敌意、使用体罚和非理性行为、控制及养育子女的自我安全感。宽容型量表的项目涉及温暖和接受、有低水平要求并为自主提供支持。父母们用李克特五点量表（1＝从不；5＝总是）来作答。在过去的研究中，PSDQ 已经被用来研究中国父母教养方式。Ren 和 Edwards[4]研究了 PSDQ 在中国父母研究中的使用。

5. 国内学者编制的教养方式问卷

国内学者自编的家庭教养方式问卷大部分都在 EMBU 量表的基础上根据家庭教养方式的类型划分对题目进行细致修改。龚艺华和黄希庭[5] 将父母的教养方式分为专制型、溺爱型、信任鼓励型、忽视型、情感温暖型，然后根据父母教养方式的理论构想编制了父母教养方式问卷，结果表明该问卷信效度良好。龚艺华调查得出留守儿童看护人的教养方式由物质关怀、心理关怀、拒绝、严厉惩罚、过分干涉、偏爱构成，在此因素结构基础上，编制了留守儿童看护人教养方式问卷。

第二节　家庭教养方式的结构

有关家庭教养方式的模型建构方面的研究也在不断深入和完善。总体来看，家庭教养方式的结构分为两种模式：一种按照维度划分，另一种按照类型划分。

一、维度划分

家庭教养方式维度划分的先驱是西蒙兹，他将父母的教养行为分为"接受—拒绝、支配—服从"两个维度。该研究发现，如果父母总是占支配地位吩咐孩子做事，孩子就会变得顺从、缺乏自信心、被动、腼腆；如果父母能够欣然接受孩子，孩子就会富有同情心、兴趣广泛、情绪稳定，并且孩子的行为会更加符合社会的要求；如果父母总是拒绝孩子，孩子就容易变得冷漠、情绪不稳定、逆反、倔强；如果父母总是服从孩子，孩子就会有很强的攻击性。由此，他总结出理想的教育方式是既不过分严厉，也不过分顺从，以接纳的心态面对儿童。家庭教养方式维度划分详见表 4.2。

表 4.2　家庭教养方式维度划分

数量	维度	学者与年份
两个维度	接受—拒绝，支配—服从	Symonds，1939
	控制，温暖	Erikson，1950
	情感温暖—敌意，情感冷漠—情感卷入	Baldwin，1955
	情感温暖（宽容）—严厉	Sears，1957
	爱—敌意，自主—控制	Schaefer，1959
	情感温暖（接受）—敌意（拒绝）（或称为父母对孩子的关怀程度），严厉（限制）—宽容（允许）（或称为父母对孩子的控制程度）	Becker，1964
	要求—控制，无要求—无控制	Maccoby 和 Maritin，1983

数量	维度	学者与年份
两个维度	情感温暖—拒绝，过度保护—偏爱	W.A. Amridell，1985
	接受—反应（儿童中心），拒绝—无反应（父母为中心）	Nancy Darling &Laurence Steinberg，1993
三个维度	接纳—拒绝，心理自主—心理受控，严厉—放纵	Schaefer，1959

近年来我国也有不少研究者提出了自己的家庭教养方式维度划分，如楚艳民等将家庭教养方式分为"关爱、鼓励自主、控制"三个维度[6]，蒋奖等则将其划分为"拒绝、情感温暖、过度保护"三个维度[1]，但总体来说，研究者们对家庭教养方式的维度划分主要沿用的是 Amridell 的划分方式。此外，有的研究者将家长对待孩子的自主和自立行为逐渐纳入家庭教养方式划分维度中来。还有研究者单独研究了母亲教养方式的维度，指出母亲的教养方式有交往指导、敏感性、认知发展指导、接触与参与、积极情感的表达和消极情感的表达六个维度[7]。

二、类型划分

有学者将父母的教养方式分为两大部分，即父母的要求性和响应性。父母的要求性是指父母为孩子制订指导方针的程度，以及他们在这些指导方针的基础上所进行的管教。父母的响应性是教养子女时的情感特征。父母对孩子的关心程度会随着他们对孩子的支持程度和对孩子需求的关注程度而传递下去。父母的要求和响应都与孩子的安全依恋联系在一起。鲍姆林德用这些响应性和要求性的概念确定了三种类型家庭教养方式，即权威型（authoritative style）、专制型（authoritarian style）和放任型（permissive style）。

权威型父母是要求性和响应性的结合体。他们会为孩子立规矩、树榜样，从而对孩子的行为有一定的限制，但同时，他们又是温暖的，愿意接受孩子的观点，并鼓励孩子参与决策。这种类型的父母公平地监督和管教他们的孩子，同时也非常支持孩子的行为和决定。专制型父母的特点是低响应和高控制的结合，低水平的温暖，限制孩子的自主权，以及使用语言和/或体罚作为主要的纪律策略。他们很少与孩子互动，期望孩子能毫无疑问地接受大人的要求，并且他们倾向于制订高标准和指导方案，要求孩子无条件服从。然而，放任型父母很少给孩子树立规矩，因此孩子的不当行为可能会被忽视，但放任型父母的孩子通常能够保持中性或积极的情绪，因为父母给孩子高度的自由，只要孩子的行为没有伤害到身体，他们就不会约束孩子的行为。放任型父母暴露了一种过度宽容的社会化方式，即高响应但低控制。他们对自己的孩子没有什么期望，常常把孩子当作朋友，对他们施加的限制很少。

鲍姆林德及之后的许多研究都表明，权威型是最有效但最耗费时间和精力的一种教养方式。权威型教养方式抚养长大的孩子认知能力和社会能力都比较出彩，并表现出较高水平的自信和独立性，能够友善对待他人，能与他人友好合作，有团队精神，上进心强，自信快乐；而专制型父母对孩子的要求过高，但响应过少，强调孩子崇尚权威、传统和顺从等，这种抚养方式下长大的孩子会表现出更多诸如退缩、焦虑、孤僻等负面情绪和行为，并且孩子的适应能力也相对较差，缺乏自信和独立自主性，成就动机低，男孩攻击性强、女孩依赖性强；放任型的父母要么过于溺爱孩子，要么过于忽视孩子，对孩子的要求没有统一的标准，因此在这种教养方式下长大的孩子成熟度不够，自制力较差。

马克比和马丁在鲍姆林德研究的基础上，根据父母对孩子的要求和响应水平将家庭教养方式分为两个维度，具体四类，即权威型、专制型、宽容型、忽视型，如图 4.1 所示。

图 4.1 Maccoby 和 Martin[8] 的教养方式四分图

不同的教养方式体现了家长不同的教养行为，同时也会使孩子展现不同的性格特质。马克比和马丁将鲍姆林德的放任型分为宽容型和忽视型，以下针对这两类进行阐述。

宽容型的家长能满足孩子少量要求；以儿童为中心；被动地接受与回应。在这种教养方式下成长的孩子所具备的特点有：积极向上，但易冲动、自控力差，有一定的攻击性。忽视型的家庭教养方式体现出来的教养行为是：父母只关注自己的事情，对孩子的事既不感兴趣也不理会，很少觉察孩子的情感变化，忽视孩子的观点。在这种教养方式下成长的孩子所具备的特点有：注意力涣散、喜怒无常、易冲动，缺乏学习动机，情绪控制能力差。

从 20 世纪 80 年代起，国内的学者对父母教养方式开展了大量的研究。例如，陶沙等将父母教养方式分为专制型、民主型、溺爱型、忽视型、惩罚型、成就要求型和教育的不一致型；刘金花将家庭教养方式分为溺爱型、期待型、矛盾型、拒绝型、严厉型与分歧型；而白燕则将其分为专制型、启发诱导型、溺爱骄纵型和放任自流型。林磊、董奇等将母亲的教育方式划分为溺爱型、成就压力型、积极型、极端型、严厉型等五种类型。诸多研究表明，积极型的母亲教养方式下的孩子表现最佳，他们对事物有浓厚兴趣和探究精神，很少表现出焦虑和社交退缩行为，合群且主动社交，具有较高开放性；而极端型教育方式下的孩子表现最差。

近年来，随着研究的不断深入和发展，大多数研究者以亲子间的教育方式和沟通程度为标准，将家庭教养方式划分为以下四个类型。

民主型。民主型的家庭中父母通常以尊重、理解、帮助和沟通为起点，适当向孩子提出要求，尊重孩子意愿，尽量给孩子最大的自由，让孩子自由随性发展。

专制型。专制型的父母习惯采用绝对禁止、严厉的惩罚和专断的方式来对待孩子，期望孩子的一切都由父母做主，强调子女的绝对服从。

溺爱型。溺爱型的父母通常害怕孩子在成长过程中遭遇挫折，因此对孩子过分保护，并且对子女的要求一味满足，在教养过程中很少使用惩罚的方式，同时也忽视了孩子的独立性。在溺爱中长大的孩子依赖性强，缺乏独立性和创造性。

放任型。放任型的父母对孩子遇到的大部分事情都不在意，他们很少限制孩子，也很少与孩子沟通交流，因此孩子难以得到安全感和归属感。此类家庭教养方式易造成亲子疏离或亲子间感情破裂。

尽管家庭教养方式的结构划分众多，但无论是维度划分还是类型划分，都有一定的交叉性。家庭教养方式的维度划分注重的是具体的教养行为，但没有考虑到家庭背景，同一教养行为在不同的家庭环境中也可能造成不同的影响和后果；家庭教养方式的类型划分试图概括父母的教养行为，这在某种程度上弥补了维度划分的不足。孤立的行为维度对孩子的发展并不起直接作用，只有将家庭教养方式的维度与类型相结合，才能真正揭示家庭教养方式在孩子发展中的地位和作用。

第三节　留守儿童家庭教养方式

一般来说，家庭教养方式指的是父母的教养方式，但由于留守儿童父母（父或母）长期不在身边，因此留守儿童的家庭教养主体可以分为多类，以下针对各类主体详细论述留守儿童的家庭教养方式。

一、双留守儿童父母的教养方式

从留守儿童父母外出情况来看，留守儿童可以分为单留守儿童和双留守儿童，单留守儿童是指父母一方外出，留守家中的孩子；双留守儿童是指父母双方外出的孩子。双留守儿童的父母常年在外，与孩子之间聚少离多，他们主要通过电话、视频，或偶尔中途回家的一小段时间来教养孩子，即便他们回到家中，对自己孩子平时的信息也主要从看护人、老师或者邻居等方面获知，但从他人口中获取的信息不一定客观。由于父母长期在外，孩子与家长之间难免存在心理隔阂，有的父母对孩子感到非常愧疚，因此会对孩子倾注大量的爱与呵护，即便孩子犯错也不忍心批评，同时，由于部分农村父母本身缺乏科学的教育理念，他们认为教育是学校的事，而自己只要给孩子更多物质上的满足就可以了，因此他们常常选择用物质来弥补情感上的不足，形成一种溺爱式的教养方式，正如唐开聪的研究表明，留守儿童父母在家庭教育中使用最多的教育方式是"情感温暖"。也有研究发现留守儿童、曾留守儿童父母的积极教养方式（如母亲温暖、父亲温暖等）得分要显著低于非留守儿童，但在消极教养方式（如惩罚、干涉等）上的得分又要显著高于非留守儿童，究其原因是部分家长对自己长期不在身边的子女感到不放心，从而对他们实施更加严厉的管教，甚至采用体罚、干涉等负面教养行为。

二、留守儿童监护人的教养方式

对于大部分留守儿童来说，由于父母缺位，家庭教养的主要承担者是他们的监护人，而非外出的父母。有研究表明，留守儿童与非留守儿童监护人的家庭教养方式存在显著差异，总体来说，留守儿童监护人拒绝维度得分较高，情感温暖得分较低，与非留守儿童相比，留守儿童生存质量较低，社会支持较少，家庭教养方式较差。教养方式对各种类型留守儿童心理健康存在影响，但各种教养方式对不同留守类型儿童的影响不一致。留守儿童的监护类型分为单亲监护、上代监护、祖辈监护、自我监护或同辈监护。不同监护类型的监护人教养方式各有不同，对儿童也会产生不同影响。以下主要对不同的监护类型进行描述，由于自我监护及同辈监护的孩子由自己或未成年兄弟姐妹照顾，缺少真正意义上的监护人，在此不做探讨。

单亲监护。单亲监护主要指父母一方外出务工，另一方承担在家照看儿童的责任。有调查表明留守儿童物质关怀与心理关怀存在着教养类型的差异，父亲教养的留守儿童获得的物质关怀高于其他类型的留守儿童，并且父亲教养的留守儿童受到的惩罚比其他教养类型的高。同样，留在家中照看孩子的母亲通常会感到压力重大，因此在教养孩子的过程中可能会产生烦躁心理，从而出现一些不良的教养行为，如打骂孩子。也有研究表明留在家中照看子女的母亲对孩子的感情基本上是温暖理解，她们对孩子有着不同程度的疼爱。单亲监护的留守儿童在情感温暖程度上与非留守儿童没有显著差异。

上代监护。上代监护是指父母将孩子托付给老师、亲戚、邻居等同辈照看，从理论上来说，与父母同辈的监护者替代孩子父母的爱可能性更高，但现实情况并非如此，许多上代监护的抚养人碍于情面，或者自己本身就有孩子难以照顾周全，因此对待自己亲戚或朋友的孩子抱有"不求有功，但求无过"的心态，于是他们对待照看的孩子采用的是"物质+放任"的教养方式。在这种教养方式下成长的孩子呈两种极端特征：一种是我行我素，极度任性；另一种是寄人篱下造成的孤僻胆小心理特征。有研究也证明了这一点，留守儿童看护人教养方式中情感温暖和拒绝否认的得分较高，惩罚严厉和偏爱被试的得分较低，上代监护人的教养方式存在矛盾性。造成这一现象的原因主要有两点：一是留守儿童并非他们的亲生子女，看护人与留守儿童不亲近，因此拒绝和否认得分高；二是看护人控制和管教权力有限，因此不会对留守儿童过于严厉或实施严厉的惩罚。

祖辈监护。隔代抚养对儿童影响的讨论较多，有的学者认为，隔代抚养能够有效发挥家庭各方面的教育力量，从而形成教育合力，促进孩子成长，同时隔代抚养能够有效缓解父母的压力，使他们能够专注自己的工作和事业，并且祖辈生活经验丰富，有利于儿童社会化，同时，祖辈教养儿童也能让他们自身肯定自己的价值，老有所乐。但是，大部分研究者还是认为隔代抚养弊大于利。一是农村祖辈观念落后，文化贫乏，对儿童的学业指导有心无力；二是祖辈的教养方式通常为溺爱型，具体表现为"重智轻德""重养轻教""重满足轻约束"；三是父辈教养观念与祖辈教养观念存在冲突，冲突的教育观念不利于儿童身心健康；四是祖辈与儿童存在更大代沟。

第四节　家庭教养方式对留守儿童的影响

根据班杜拉的社会学习理论，儿童是在不断观察和模仿他人的行为中获得发展的，因此，父母的教养方式无形中会直接影响儿童的发展。父母长期外出，与儿童互动不足导致其家庭教养方式与一般家庭有区别。大量研究表明，不同维度、不同类型的家庭教养方式对留守儿童的性格、心理、行为等方面产生不同的影响。

一、家庭教养方式对留守儿童心理健康的影响

有的研究从家庭教养方式的不同维度来探讨家庭教养方式对留守儿童心理健康方面的影响，研究表明，父母家庭教育方式中的理解关心与情感温暖能够促进留守儿童的心理弹性。父母的严厉惩罚是家庭教养方式中最为阻碍留守儿童心理弹性提高的关键因素。看护人的支持温暖和过分干涉通过社交自我知觉对留守儿童的社交焦虑起部分中介作用。过分干涉、惩罚拒绝正向预测社交焦虑，支持温暖与社交自我知觉反向预测社交焦虑。父母的理解、情感温暖能够降低儿童的精神质和神经质水平，使儿童保持自主乐观和情绪稳定；而父母的过分干涉、严厉惩罚、拒绝否认则会导致儿童多愁易怒、敏感脆弱；并且父母的理解、情感温暖、偏爱被试和过度保护会有效地降低儿童的特质焦虑；此外监护人的拒绝惩罚会增加留守儿童的社交焦虑。看护人的教养方式越是充满温暖理解，留守儿童就越表现得积极向上和外向，儿童的人际关系也会越和谐。如果看护人总是对留守儿童持否认拒绝的态度，每当儿童犯错就对其严厉惩罚或者过分干涉、保护或偏爱，留守儿童就可能产生孤僻、冷漠、敌对等负面情绪，还会表现出适应性差、感觉迟钝，甚至会产生毁坏东西、侵犯他人等反社会行为。并且留守儿童的情绪压抑和情绪不稳定也与看护人的过分干涉和保护呈显著相关性。因此，对于留守儿童来说，情感的温暖和理解是极其重要的积极家庭教养方式。

还有研究者从留守儿童的监护方式来探讨家庭教养方式对留守儿童心理健康的影响。例如,刘晓慧等的研究发现,祖辈监护的留守儿童在"学习焦虑""对人焦虑""孤独倾向""身体症状"因子上得分显著高于一般儿童;上代监护留守儿童在"身体症状"因子上得分显著高于一般儿童;单亲监护留守儿童在"学习焦虑""对人焦虑""孤独倾向""身体症状"因子上得分显著高于一般儿童[9]。也有研究发现,祖辈监护儿童、上代监护儿童在 10 种行为发生率、多重行为问题总分、攻击与违纪维度得分、行为适应困难的人数比例上均显著高于一般儿童;单亲监护儿童的违纪得分显著高于一般儿童[10]。这表明缺乏父母陪伴对留守儿童心理健康的负面影响真实存在,不同监护类型的留守儿童会出现不同倾向的问题行为,这与不同监护者的教养方式密切相关。

二、家庭教养方式对留守儿童外化行为的影响

Karreman 等发现,母亲和父亲的积极控制都缓冲了低水平努力控制对学龄前儿童外化问题的负面影响。Morris 等在预测孩子的外化问题方面表明,母亲的敌意和努力控制之间存在类似的相互作用。宋占美等发现父母的心理攻击均与学前儿童焦虑存在显著正相关,父亲体罚与学前儿童焦虑存在显著正相关,母亲体罚则不存在显著正相关。父亲和母亲的体罚均能够显著正向预测学前儿童的外化问题行为,学前儿童父母亲的身体管教不仅对儿童发展具有直接影响,也可以通过影响儿童意志控制间接影响儿童发展[11]。母亲与儿童之间关系越和睦,儿童攻击性行为发生率越低[12]。研究发现冲突亲子关系下,儿童攻击性行为及违法犯罪行为发生率高。还有研究表明,专制型父母对儿童施加的管教过多,导致儿童产生叛逆和问题行为,相反,权威型的育儿方式对儿童是最佳的,因为它鼓励适度的育儿方式。因此父母花最多的时间和儿童在一起可以减少儿童发展不良行为的可能性。然而,与一般儿童相比,留守儿童长期面临着亲子分离,可能导致其亲子情感缺失,因此其问题行为也相对较多。研究揭示,绝对权威型与民主权威型教养方式是对留守儿童最有利的教养方式,这两种教养方式下的儿童攻击行为特别是敌意攻击发生的次数较少,情绪理解能力中非负性情绪的理解能力较强。相反,忽视冷漠型和娇纵溺爱型教养方式下的儿童,敌意攻击发生的次数较多,对非负性情绪的理解能力较弱。性别对攻击总数具有负向预测作用,非负性情绪中的高兴对敌意攻击具有负向预测作用,家庭教养方式中的忽视冷漠得分对攻击总数和敌意攻击具有正向预测作用。有研究结果显示:留守儿童健康风险行为与父母权威教养方式显著负相关,与专制型教养方式显著正相关;权威型父母教养方式与积极认知情绪调节显著正相关;独裁、宽容/忽视教养方式与积极认知情绪调节显著负相关;父母教养方式主要通过认知情绪调节的中介作用影响留守儿童的健康风险行为。

三、家庭教养方式对留守儿童学习的影响

　　家庭教养方式中，父母的偏爱及情感温暖和理解关心是减轻学业拖延的关键因素。不少学者从父亲、母亲双方的教养方式来探讨家庭教养方式对留守儿童学业方面的影响。有研究表明，父亲的支持教养调节了儿童行为能力与数学能力之间的关系，调节了行为能力与外化问题之间的关系。父亲在帮助儿童利用他们的行为调节技能来获得早期数学技能和减少行为问题方面起着至关重要的作用。父亲在玩耍时的支持对儿童的接受性词汇和一般认知能力的影响超过了母亲的支持性养育。Cabrera 发现父亲的干涉对儿童的语言发展有负面影响。有学者发现，中国父亲参与计算活动对儿童数学能力的贡献大于母亲参与[13]。国内也有研究发现，家庭教养方式与留守儿童的学习成绩、学习信心有显著的相关性。民主型家庭教养方式下的留守儿童学习信心更加充足，学业成绩更加优秀；而家庭教养方式对留守儿童的学习不良行为则不产生影响。此外，积极的母亲教养方式能提高留守儿童的学习成绩和学业自我概念，消极的教养方式不利于其学习成绩的提高及学业自我概念的形成；学业自我概念在母亲教养方式与留守儿童学习成绩的关系中起中介作用。母亲教养方式通过学业自我概念影响留守儿童的学习成绩。

四、家庭教养方式对留守儿童社会性的影响

　　作为一个至关重要的近端社交环境，父母教养一直与儿童适应性相联系。例如，一系列使用身体自我描述问卷（Physical Self-Description Questionnaire，PSDQ）的研究表明，权威教养与中国小学生的社会功能正相关，与儿童的外化和内化问题负相关；相反，研究发现，采用权威型教养方式的父母对儿童的社交情感发展表现出相反的关系。适当的权威教养结构与中国儿童的社交能力呈正相关关系，而专制型教养与社交能力呈负相关关系。有研究表明，儿童日常生活在权威式育儿与儿童社会情感功能之间起到了充分的中介作用。父母的权威程度越高，儿童的日常生活就越稳定。反过来，这些儿童表现出更强的社交能力和更少的行为问题[14]。McDowell 和 Parke 的研究表明，父母通过参与热情和响应性的互动、提供高质量的建议和为同伴互动提供机会，对儿童的社交能力都做出了独特的贡献。有一种新兴的观点认为，父母教养方式可以通过自我调节来预测儿童的学习和社交情绪结果。Muhtadie 等报告了权威式育儿（主要由母亲报告）和努力控制在预测中国儿童内化行为方面的相互作用。因此，父母教养可以调节儿童行为与适应性之间的关系。有研究表明，家庭教养方式对留守儿童社交能力、友谊情况都有影响，民主型家庭中留守儿童的社交能力要比专制型、放纵型家庭强，民主型家庭中的留守儿童的好朋友数目相应地要比专制型、放纵型家庭的留守儿童要多。马瑞的研究表明：民主型母亲教养方式有助于农村留守儿童社会认知、自我概念、独立性意志、内外向性等方面的发展，而宽容型教养方式反之；权威型

母亲教养方式有助于留守儿童同伴关系、无侵犯性、社会规则、好胜心方面的发展，而忽视型教养方式反之。

参 考 文 献

［1］蒋奖，鲁峥嵘，蒋苾菁，等. 简式父母教养方式问卷中文版的初步修订［J］. 心理发展与教育，2010（1）：94-99.

［2］Steinberg, Laurence, Mounts, et al. Authoritative parenting and adolescent adjustment across varied ecological niches [J]. Journal of research on adolescence, 1991 (3): 528-540.

［3］Robinson C C, Mandleco B, Olsen S F, et al. The parenting styles and dimensions questionnaire (PSDQ) [M]. Handbook of family measurement techniques, 2001 (3): 319-321.

［4］Ren L, Edwards C P. Pathways of influence: Chinese parents' expectations, parenting styles, and child social competence [J]. Early child development and care, 2015 (4): 614-630.

［5］龚艺华，黄希庭. 大学生心理控制源与自我价值感的相关研究［J］. 西南师范大学学报（人文社会科学版），2005（1）：32-34.

［6］刘琴，周世杰，杨红君，等. 大学生的父母教养方式特点分析［J］. 中国临床心理学杂志，2009（6）：736-738.

［7］陶沙，王耘，王雁苹，等. 3-6 岁儿童母亲教养行为的结构及其与儿童特征的关系［J］. 心理发展与教育，1998（3）：43-47.

［8］Maccoby E E, Martin J A. Socialization in the context of the family: Parent child interaction In E. M Hetherington (Ed.), P. H Mussen (Series Ed.)[J]. Handbook of child psychology: socialization, personality, and social development, 1983 (4): 1-101.

［9］刘晓慧，王晓娟，杨玉岩，等. 不同监护类型留守儿童与一般儿童心理健康状况的比较研究［J］. 中国全科医学，2012（13）：1507-1510.

［10］范兴华，方晓义. 不同监护类型留守儿童与一般儿童问题行为比较［J］. 中国临床心理学杂志，2010（2）：232-234.

［11］宋占美，王芳，王美芳. 父亲和母亲的身体管教与学前儿童外化问题行为的关系：儿童意志控制的中介作用［J］. 中国特殊教育，2018（11）：45-51.

［12］宋占美，王美芳，王芳. 父母婚姻质量与学前儿童焦虑的关系：父亲和母亲严厉管教的中介作用［J］. 中国临床心理学杂志，2019（1）：167-171.

［13］Ren L, Zhang X, Yang W, et al. Relations among parenting, child behavioral regulation and early competencies: a study on Chinese preschoolers [J]. Journal of child and family studies, 2018 (27): 639-652.

［14］Ren L, Hu B Y, Song Z. Child routines mediate the relationship between parenting and social-emotional development in Chinese children [J]. Children and youth services review, 2019 (98): 1-9.

第五章
留守儿童发展评估与教育促进研究

第一节　留守儿童发展评估

多数国内研究者从宏观层面对解决留守儿童教育问题进行了理论分析，对政府、幼儿园、社区、家庭等如何更好地关爱留守儿童提出了系列建议。有研究者尝试从具体问题切入实施干预，比如利用心理辅导提高留守儿童心理健康水平，对隔代教养家庭实行个案介入，创建"四位一体"农村留守儿童教育体系等。然而，国内实践干预项目较之政策建议甚少，需要的人力、物力和财力较多，可推广性不高，且没有很好地解决留守儿童父母在其教养支持中的缺失问题。

随着科技的不断进步，多模态信息技术的开发和应用为解决留守儿童的发展与教育问题提供了新思路，在各国处境不利儿童的教育促进项目中也已有不同程度运用。例如，新西兰在 2002 年的 "Digital Horizons：Learning Though ICT" 计划中设立了运用于处境不利儿童的教育辅助软件；印度在贫困地区通过低成本太阳能平板电脑和配套教育资源，改善贫民窟儿童的阅读和数学学习环境等，这些尝试都被证实取得了较好社会效果。宋占美团队为开展基于多模态信息技术的留守儿童发展评估与教育促进研究，深入山东省潍坊市临朐县进行调研，以下为整个调研过程介绍。

一、研究对象取样阶段

2018 年，研究团队采取随机整群抽样的方法，对山东省潍坊市临朐县的两所镇中心幼儿园 8 个班 270 名儿童进行了测查和问卷发放作为前测。剔除不完整数据，最终选定 246 个样本进行分析，实际样本回收有效率为 91.11%。问卷填写人主要包括母亲 166 人，占样本总量的 67.5%；父亲 55 人，占 22.3%，其他 25 人，占 10.2%。2020 年，课题组再次赴研究基地，并从中抽取一所幼儿园中的同一批儿童进行了问卷发放作为后测。剔除不完整数据，最终选定 38 个样本进行分析。

本研究把儿童父母双方外出或者单方外出务工时间 6 个月以上的儿童定义为留守儿童。留守类型划分为双外出、单外出和无外出三种。如表 5.1 所示，留守儿童 96 名，占样本总量的 39.0%，非留守儿童 150 名，占 61.0%。其中父母双方外出务工的儿童为 18 名（7.3%）；单方外出务工的儿童为 78 名（31.7%），包括父亲单方外出的儿童 77 名和母亲单方外出的儿童 1 名；无外出务工的儿童 150 名（61.0%）。

表 5.1　各园儿童父母外出务工数

| 务工类型 | 九山镇中心幼儿园 | | | | | 蒋峪镇中心幼儿园 | | | | | 合计 |
	小1班	小2班	小3班	小4班	小计	小1班	小2班	小3班	小4班	小计	
双方外出务工	2	1	1	2	6	4	5	1	2	12	18
父亲单方外出务工	7	7	6	14	34	10	13	8	12	44	78
母亲单方外出务工	0	0	0	0		0	1	0	0		
无外出务工	18	14	14	15	61	23	20	25	21	89	150
合计	27	22	21	31	101	37	39	34	35	145	246

留守儿童和非留守儿童的基本情况如表 5.2 所示，共计 246 名儿童，其中男儿童 134 名（占样本总量的 54.5%），女儿童 112 名（占样本总量的 45.5%）；儿童月龄分布为 32～59 个月，均龄为 49.5 个月，36 个月以下 2 名（0.8%），36～42 个月 16 名（6.5%），43～48 个月 88 名（35.8%），49～54 个月 95 名（38.6%），54 个月以上 45 名（18.3%）。独生子女 46 名（18.7%），非独生子女 200 名（81.3%）。

表 5.2　儿童基本情况

| 儿童类型 | | 总样本 | | 双留守儿童 | | 单留守儿童 | | 非留守儿童 | |
		频率	占比/%	频率	占比/%	频率	占比/%	频率	占比/%
性别	男	134	54.5	11	4.5	40	16.3	83	33.7
	女	112	45.5	7	2.8	38	15.4	67	27.3
	合计	246	100	18	7.3	78	31.7	150	61.0
月龄	36 个月以下	2	0.8	0	0.0	1	0.4	1	0.4
	36～42 个月	16	6.5	1	0.4	4	1.6	11	4.5
	43～48 个月	88	35.8	9	3.7	30	12.2	49	19.9
	49～54 个月	95	38.6	3	1.2	30	12.2	62	25.2
	54 个月以上	45	18.3	5	2.0	13	5.3	27	11.0
	合计	246	100	18	7.3	78	31.7	150	61.0
是否独生子女	是	46	18.7	8	3.3	13	5.3	25	10.2
	否	200	81.3	10	4.1	65	26.4	125	50.8
	合计	246	100	18	7.4	78	31.7	150	61.0

儿童家庭及父母的基本情况如表 5.3 所示。儿童的父母已婚且一起生活的样本 216 个（87.8%），已婚但分居 17 个（6.9%），离异或丧偶等其他情况 13 个（5.3%）；儿童的家庭年收入在 3 万元以下 61 个（24.8%），3 万～5 万元 63 个（25.6%），5 万～8 万元 64 个（26.0%），8 万元以上 49 个（19.9%），缺失值 9 个（3.7%）；儿童的母亲受教育水平为小学 25 人（10.2%），初中 149 人（60.5%），高中或中专 40 人（16.3%），专科 18 人（7.3%），本科及以上 9 人（3.7%），缺失值 5 个（2.0%）；儿童的父亲受教育水平为中小学 12 人（4.9%），初中 149 人（60.6%），高中或中专 50 人（20.3%），专科 16 人（6.5%），本科及以上 13 人（5.3%），缺失值 6 个（2.4%）。

表 5.3　儿童家庭及父母基本情况

家庭类型		总样本		留守儿童				非留守儿童	
				双留守		单留守			
		频率	占比/%	频率	占比/%	频率	占比/%	频率	占比/%
婚姻状况	已婚且同居	216	87.8	15	6.1	68	27.6	133	54.1
	已婚但分居	17	6.9	1	0.4	7	2.9	9	3.7
	离异或丧偶等其他情况	13	5.3	2	0.8	3	1.2	8	3.2
	合计	246	100	18	7.3	78	31.7	150	61.0
家庭年收入	3 万元以下	61	24.8	4	1.7	20	8.1	37	15.1
	3 万～5 万元	63	25.6	5	2.1	21	8.5	37	15.1
	5 万～8 万元	64	26.0	6	2.5	24	9.8	34	13.8
	8 万元以上	49	19.9	3	1.2	10	4.1	36	14.6
	缺失	9	3.7	0	0	3	1.2	6	2.4
	合计	246	100	18	7.5	78	31.7	150	61.0
母亲受教育水平	小学	25	10.2	4	1.6	7	2.9	14	5.7
	初中	149	60.5	10	4.1	51	20.7	88	35.8
	高中或中专	40	16.3	2	0.8	14	5.7	24	9.8
	大专	18	7.3	2	0.8	4	1.6	12	4.9
	本科及以上	9	3.7	0	0.0	1	0.4	8	3.2
	缺失	5	2.0	0	0	1	0.4	4	1.6
	合计	246	100	18	7.3	78	31.7	150	61.0

续表

家庭类型		总样本		留守儿童				非留守儿童	
				双留守		单留守			
		频率	占比/%	频率	占比/%	频率	占比/%	频率	占比/%
父亲受教育水平	小学	12	4.9	2	0.8	2	0.8	8	3.3
	初中	149	60.6	11	4.5	59	24.0	79	32.1
	高中或中专	50	20.3	4	1.6	8	3.3	38	15.4
	大专	16	6.5	0	0.0	6	2.4	10	4.1
	本科及以上	13	5.3	0	0.0	2	0.8	11	4.5
	缺失	6	2.4	1	0.4	1	0.4	4	1.6
	合计	246	100	18	7.3	78	31.7	150	61.0

二、施测阶段

调研主要采用问卷和测试两种方式。发放资料由《知情同意书》、幼儿标准化测试问卷、家长问卷、教师问卷四个部分构成。基于伦理道德的角度，介绍该研究的《知情同意书》是保证研究对象知情权和选择权的重要方法，也是双方沟通的重要凭证，有利于研究者与研究对象建立相互尊重和相互信任的关系。《知情同意书》分为园长版、教师版、家长版。

1. 调查工具及过程

问卷分为家长问卷和教师问卷，共计 9 份。家长问卷包括儿童与家庭基本情况问卷、亲子关系量表、家庭情绪表露量表、社会技能量表（家长版）、问题行为量表（家长版）。教师问卷包括师幼关系量表、社会技能量表（教师版）、问题行为量表（教师版）。

（1）儿童与家庭基本情况问卷内容包含儿童的性别、年龄、是否独生子女、父母婚姻状况、家庭年收入、母亲和父亲受教育水平等。

（2）亲子关系量表是采用 Pianta 编制、张晓等修订后的亲子关系量表，结果表明具有较好的信效度。采用 Likert 五点量表形式计分，包括亲密性和冲突性 2 个维度，15 个题目，由儿童的母亲或者父亲进行评价。本研究中计算了亲子关系总分（亲密性维度题目总分与冲突性维度题目反向计分后的总分相加），分数越高亲子关系越好。

（3）家庭情绪表露量表是采用王岫华等根据家庭情绪表露问卷修订的家庭情绪表露量表，该量表具有较高的信效度指标。家庭情绪表露量表包括 40 个题目，分类测量家庭的积极情绪表露（包括积极支配和积极从属）和消极情绪表露（包括消极支配和消极从属），其中每个亚维度包括 10 个题目。家庭情绪表露量表用 9 点评分，1 表示从来没有，依次递增，9 表示总是这样，按正反方向计分，将同一维度或亚维度所有问题得分的平均分作为该维度或亚维度得分。儿童的父母根据自己家庭中表露的情绪进行打分。

（4）社会性技能量表（家长版和教师版）是 Gresham 与 Elliott[1] 等研发的社会技能提升系统（Social Skills Improvement System，SSIS）中的社会性技能分量表，其结果显示具有良好的信效度。量表包括教师版和家长版两个版本，通过对儿童社会性技能行为出现频率的评定，了解儿童在学校及家庭中社会性技能的发展情况。该量表划分为交流、合作、自信、责任、共情、参与、自控 7 个维度，共 46 个题目。采用 4 点评分，评分按照符合程度从低到高依次为 1～4 分，即"从未出现""偶尔出现""经常出现""几乎总是出现"依次计分为 1、2、3、4。总分与各维度计分均采用均值，范围为 1～4 分，用于评价儿童社会技能的行为水平，该量表将儿童社会技能各维度得分划分为三种行为水平（behavior level），即低于平均水平、平均水平、高于平均水平。

（5）问题行为量表（家长版和教师版）也是 SSIS 的分量表，包括教师版和家长版两个版本，用于了解儿童问题行为的发展情况。该量表划分为外向问题、欺侮问题、多动问题、内向问题、自闭问题 5 个维度，共 33 个题目。采用 4 点评分量表，根据儿童行为出现的频率——从未出现、偶尔出现、经常出现、几乎总是出现，分别给以 0、1、2、3 分。

（6）师幼关系量表是采用 Pianta 和 Stemberg 编制、张晓等将其翻译及修订的师生关系量表（Student-Teacher Relationship Scale，STRS），测查儿童和教师的关系，由儿童的班主任老师进行评价，结果表明具有较好的信效度。该量表包括亲密性、冲突性和依赖性 3 个维度，共 28 个题目，采用李克特五点量表形式计分，1～5 表示从"完全不符合"到"完全符合"。本研究计算了师幼关系总分（亲密性维度题目总分与冲突性、依赖性维度题目反向计分后的总分相加），分数越高师幼关系越好。

本次测试任务还包括图片词汇测验、图片情绪指认和命名测验。该测试所采用的材料均来自张晓的研究设计。测试材料为：皮博迪图画词汇测验（修订版）（Peabody Picture Vocabulary Test-Revised，PPVT-R）；28 张面部表情图片，分别为高兴、伤心、生气、讨厌、害怕、吃惊、轻视 7 种情绪。

实验采取个别施测法，在安静明亮的房间里进行，主试是学前教育专业的老师及学生。测试开始前需与儿童简单熟悉与问候（做游戏），并登记姓名与班级。为控制任务顺序效应，施测时对任务顺序和问题顺序进行拉丁方设计，在被试间加以平衡。每个测验严格执行使用对应的指导语、题本、计分表。计分表的封面上记录了被试的测试完成情况，并在当天工作完成后核对并填写封面顶部表格。

PPVT-R 通过测验儿童的听觉词汇能力，反映受测者的语言能力和一般智力状况。PPVT-R 的测试方法极为简单，被试从 4 个图形中选择一个符合要求的图形，主试记录下被试给出的反应（1/2/3/4），并在回答错误的时候划掉后方的图形。从第 1 题开始测验，直到连续 8 题里面有 6 题回答错误，结束测验（无须进行到最后）。正确计 1 分，错误不计分，数出至测验结束时被试正确回答的个数，并填写最终得分。

图片情绪指认和命名是儿童情绪能力的重要成分，在儿童社会适应中具有不可替代的作用。本测试程序是在施测前尽可能生动地演绎 7 种情绪，指认和命名测验各 21 题，共计 42 题。各测验每施测 7 题进行间隔并使用指导语。主试在儿童命名的情绪上画圈，21 题完成，结束测验。正确指认出相应的表情记 1 分，错误记 0 分。统计每种情绪的得分（0～3 分之间）和总得分（0～21 分之间），填在相应位置。

2. 统计与分析方法

使用 SPSS 23.0 进行儿童发展的差异性分析，统计各变量的分布情况，计算其相关关系，计算各变量前后测验的差异。

在进一步的分析中，使用 Mplus 7.4 对研究假设中的中介作用及其性别差异进行检验。首先，通过打包法，各变量由其维度分测量，建立结构方程模型，采用 Bootstrap 法抽样 1000 次，进行中介效应检验及置信区间的估计，若 95%的置信区间不包括 0，则表明效应显著，并检验总体模型是否拟合良好，Mplus 软件得到的模型的拟合指标有 χ^2/df（卡方/自由度；<5 可接受）、CFI（Comparative Fit Index，比较拟合指数；>0.90 可接受）、TLI（Tucker-Lewis Index，塔克-刘易斯指数；>0.90 可接受）、RMSEA（Root Mean Square Error of Approximation，近似均方根误差；<0.08 可接受）。然后，检验男性和女性模型是否拟合良好，若各项拟合指标可接受，便可进行跨组比较，将男性和女性中介模型的结构参数限制为相等，检验整体模型拟合是否变差，若变差，表明该中介模型在男性和女性中具有不同的意义和潜在结构，即中介模型存在性别差异。最后，运用卡方检验对男性和女性模型的路径差异进行进一步分析。

三、数据分析阶段

此节将从横向的角度揭示儿童的发展水平及变量之间的关系，分为四部分，即描述统计和变量间相关分析、儿童发展现况的差异性分析、留守与非留守儿童的差异性分析、留守儿童所处环境因素对其问题行为的影响机制——中介模型。

1. 描述统计和变量间相关分析

表 5.4 列出了各变量的平均数、标准差及其皮尔逊相关矩阵。变量间的关系支持后续中介模型假设的检验。

表 5.4 各变量的平均数、标准差及其皮尔逊相关矩阵

变量类型	变量	M	SD	相关矩阵元素															
				1	2	3	4	5	6	7	8	9	10	11	12	13	14	15	16
一般变量	性别	1.46	0.50																
	月龄	49.50	4.81	0.01															
	独生子女	1.82	0.39	−0.07	−0.01														
家庭变量	父母婚姻状况	1.19	0.59	0.13*	−0.03	−0.31**													
	家庭年收入	6.26	1.76	0.02	−0.01	0.04	−0.11												
	母亲受教育水平	2.32	0.90	0.03	−0.05	−0.18**	−0.03	0.33**											
	父亲受教育水平	2.45	0.90	−0.01	−0.04	−0.14*	0.10	0.39**	0.73**										
	家庭社会经济地位	1.66	0.44	0.01	−0.04	−0.12	−0.02	0.72**	0.84**	0.87**									
测试和量表	图片词汇测验	22.19	12.00	0.331**	0.33**	−0.1	0.02	0.13	0.22**	0.27**	0.24**								
	图片情绪指认和命名	16.03	3.67	−0.01	−0.01	−0.02	−0.03	0.15*	0.10	0.13	0.13	0.02							

续表

变量类型	M	SD	相关矩阵元素															
			1	2	3	4	5	6	7	8	9	10	11	12	13	14	15	16
测试和量表																		
家庭情绪表露	226.43	46.03	-0.03	-0.03	0.09	0.02	0.06	0.13*	0.19**	0.15*	0.04	0.05						
亲子关系质量	57.64	8.07	0.01	0.00	-0.01	-0.05	0.11	0.12	0.16*	0.18*	0.16*	0.05	0.47**					
师幼关系质量	94.37	11.18	0.11	-0.21**	0.01	-0.05	0.17*	0.08	0.09	0.12	-0.08	0.65**	0.05	0.05				
社会性技能(家长版)	125.08	19.78	-0.03	-0.13*	0.00	0.09	-0.01	0.05	-0.03	0.02	-0.06	0.14*	0.30**	0.16*	0.09			
社会性技能(教师版)	127.35	14.47	0.18**	0.13	-0.07	-0.09	0.15*	0.16*	0.17	0.20**	0.10	0.71**	0.09	0.11	0.41**	0.12		
问题行为(家长版)	27.14	13.55	0.04	-0.02	-0.02	0.06	-0.10	-0.17**	-0.20**	-0.19**	-0.14*	-0.08	-0.45**	-0.39**	-0.12	-0.24**	-0.14	
问题行为(教师版)	22.84	11.64	-0.07	0.15*	-0.04	0.06	-0.01	-0.12	-0.01	-0.09	0.05	-0.27**	-0.03	0.01	-0.26**	0.01	-0.60**	0.02

注: M 为平均数; SD 为标准差。
*p<0.05。
**p<0.010。

2. 儿童发展现况的差异性分析

将一般变量（性别、月龄组、独生子女与否）、家庭变量（父母婚姻、家庭年收入、父母受教育水平）和 2 个测试、7 个量表分别进行差异性分析。同时，本研究中把家庭年收入和父母受教育水平归为影响儿童发展的家庭社会经济地位变量。

1）不同性别儿童的差异性分析

表 5.5 的结果显示，在儿童社会性技能（教师版）的得分上，性别存在显著性差异（$p = 0.01 < 0.05$）。男儿童均值 124.96，女儿童均值 130.10，这说明女儿童的社会性技能比男儿童高。此外，在其他测验和量表上，男女儿童之间未达到显著性差异水平，具体情况如表 5.5 所示。

表 5.5 不同性别儿童在 2 个测试和 7 个量表的得分和 t 检验结果

变量类型	男（$N = 134$）		女（$N = 112$）		t	p
	M	SD	M	SD		
图片词汇测验	22.30	11.33	22.08	12.75	0.13	0.90
图片情绪指认和命名	15.66	4.07	16.44	3.11	−1.61	0.11
家庭情绪表露	225.31	44.36	227.79	48.16	−0.41	0.68
亲子关系质量	57.58	8.19	57.71	7.97	−0.12	0.90
师幼关系质量	93.23	11.88	95.69	10.20	−1.62	0.11
社会性技能（家长版）	125.60	19.98	124.47	19.60	0.44	0.66
社会性技能（教师版）	124.96	15.80	130.10	12.29	−2.60	0.01
问题行为（家长版）	24.64	12.75	25.75	14.49	−0.62	0.54
问题行为（教师版）	23.58	11.88	22.02	11.36	0.92	0.33

在图片词汇测验总得分上，男儿童均值 22.30，女儿童均值 22.08，男女儿童之间差异不大，没有达到显著水平（$p = 0.90 > 0.05$）；在图片情绪指认和命名测验总得分上，男儿童均值 15.66，女儿童均值 16.44，男女儿童之间差异不大，没有达到显著水平（$p = 0.11 > 0.05$）；在家庭情绪表露总得分上，男儿童均值 225.31，女儿童均值 227.79，男女儿童之间差异不大，没有达到显著水平（$p = 0.68 > 0.05$）；在亲子关系质量总得分上，男儿童均值 57.58，女儿童均值 57.71，男女儿童之间差异不大，没有达到显著水平（$p = 0.90 > 0.05$）；在师幼关系质量总得分上，男儿童均值 93.23，女儿童均值 95.69，男女儿童之间差异不大，没有达到显著水平（$p = 0.11 > 0.05$）；在社会性技能（家长版）总得分上，男儿童均值 125.60，女儿童均值 124.47，男女儿童之间差异不大，没有达到显著水平（$p = 0.66 > 0.05$）；在社会性技能（教师版）总得分上，男儿童均值 124.96，女儿童均

值 130.10，男女儿童之间差异显著（$p=0.01<0.05$）；在问题行为（家长版）总得分上，男儿童均值 24.64，女儿童均值 25.75，男女儿童之间差异不大，没有达到显著水平（$p=0.54>0.05$）；在问题行为（教师版）总得分上，男儿童均值 23.58，女儿童均值 22.02，男女儿童之间差异不大，没有达到显著水平（$p=0.33>0.05$）。

2）不同月龄儿童的差异性分析

本研究将被试的月龄划分为 5 组：1 组是 36 个月以下；2 组是 36~42 个月；3 组是 43~48 个月；4 组是 49~54 个月；5 组是 54 个月以上。不同月龄组儿童在 2 个测试和 7 个量表的得分及方差分析结果见表 5.6。

表 5.6 不同月龄组儿童在 2 个测试和 7 个量表的得分和 F 检验方差分析结果

变量类型	1 组 ($N=2$)		2 组 ($N=16$)		3 组 ($N=88$)		4 组 ($N=95$)		5 组 ($N=45$)		F	p
	M	SD	M	SD	M	SD	M	SD	M	SD		
图片词汇测验			14.79	6.96	17.86	7.93	25.56	13.58	26.15	12.75	9.84	0.00
图片情绪指认和命名			18.23	2.91	15.75	4.13	16.02	3.66	16.04	2.77	1.78	0.14
家庭情绪表露	195.50	115.26	228.53	42.73	225.86	46.53	230.14	43.29	220.58	49.58	0.56	0.67
亲子关系质量	48.00	22.63	58.50	7.60	56.92	8.33	58.78	7.83	56.73	7.38	1.56	0.19
师幼关系质量	82.00	2.83	101.62	9.80	96.49	10.35	94.20	10.35	89.00	12.51	5.47	0.00
社会性技能（家长版）	135.50	0.71	123.33	20.86	127.79	21.44	124.77	17.88	120.40	19.87	1.19	0.32
社会性技能（教师版）	105.50	3.54	130.45	16.00	125.93	16.16	127.40	13.72	129.77	11.97	1.78	0.14
问题行为（家长版）	32.00	22.63	30.07	13.13	24.20	12.99	24.18	13.27	26.84	14.92	1.00	0.41
问题行为（教师版）	24.00	4.24	19.00	11.57	21.12	12.00	23.80	11.56	25.64	10.86	1.55	0.19

注：1 组被试因年龄过小，未进行图片词汇测验及图片情绪指认和命名实验；SD 为标准差。

在图片词汇测验上，月龄组之间的差异达到了显著性水平（$p=0.000<0.001$）；在师幼关系质量上，月龄组之间的差异达到了显著性水平（$p=0.000<0.0001$）。

　　然而，在图片情绪指认和命名（$p=0.14>0.05$）、家庭情绪表露（$p=0.67>0.05$）、亲子关系质量（$p=0.19>0.05$）、社会性技能（家长版 $p=0.32>0.05$；教师版 $p=0.14>0.05$）、问题行为（家长版 $p=0.41>0.05$；教师版 $p=0.19>0.05$）上，月龄组之间均不存在显著性差异。

　　3）独生儿童与非独生儿童的差异性分析

　　表 5.7 的结果显示，是否独生子女在儿童的图片词汇测验（$p=0.16>0.05$）、图片情绪指认和命名（$p=0.73>0.05$）、家庭情绪表露（$p=0.18>0.05$）、亲子关系质量和师幼关系质量（亲子关系质量 $p=0.86>0.05$；师幼关系质量 $p=0.91>0.05$）、社会性技能（家长版 $p=0.98>0.05$；教师版 $p=0.33>0.05$）、问题行为（家长版 $p=0.82>0.05$；教师版 $p=0.54>0.05$）总得分上，均不存在显著性差异。

表 5.7　独生与非独生儿童在 2 个测试和 7 个量表的得分和 t 检验结果

变量类型	独生（$N=46$）		非独生（$N=200$）		t	p
	M	SD	M	SD		
图片词汇测验	24.74	13.79	21.74	11.50	1.40	0.16
图片情绪指认和命名	16.19	3.18	15.97	3.78	0.35	0.73
家庭情绪表露	218.18	49.38	228.33	45.14	−0.13	0.18
亲子关系质量	57.89	7.80	57.67	8.11	0.17	0.86
师幼关系质量	94.21	11.52	94.43	11.16	−0.11	0.91
社会性技能（家长版）	124.93	17.34	124.98	20.29	−0.02	0.98
社会性技能（教师版）	129.37	12.67	126.88	14.91	0.98	0.33
问题行为（家长版）	25.66	13.89	25.13	13.46	0.24	0.82
问题行为（教师版）	23.90	11.02	22.63	11.82	0.62	0.54

　　4）不同家庭年收入儿童的差异性分析

　　本研究将被试的家庭年收入划分为 4 组，第 1 组在 3 万元以下，第 2 组 3 万～5 万元，第 3 组 5 万～8 万元，第 4 组在 8 万元以上，不同家庭收入组儿童在 2 个测试和 7 个量表的得分及方差分析结果见表 5.8。

表 5.8　不同家庭收入组儿童在 2 个测试和 7 个量表的得分和 F 检验方差分析结果

变量类型	1 组（$N=61$）		2 组（$N=63$）		3 组（$N=64$）		4 组（$N=49$）		F	p
	M	SD	M	SD	M	SD	M	SD		
图片词汇测验	20.13	10.53	23.27	12.20	21.64	9.02	25.13	15.00	1.59	0.19
图片情绪指认和命名	15.49	3.36	15.43	3.89	16.14	3.83	17.07	3.39	2.15	0.10

续表

变量类型	1组（N=61）		2组（N=63）		3组（N=64）		4组（N=49）		F	p
	M	SD	M	SD	M	SD	M	SD		
家庭情绪表露	225.18	48.44	225.11	45.14	216.95	44.55	239.51	40.93	2.29	0.08
亲子关系质量	56.72	7.68	57.27	8.39	56.67	8.96	60.48	6.33	2.64	0.06
师幼关系质量	92.46	11.01	92.67	10.61	94.84	11.22	98.05	11.95	2.51	0.06
社会性技能（家长版）	127.17	21.01	122.27	21.12	122.37	17.56	127.35	17.61	1.23	0.30
社会性技能（教师版）	125.19	15.46	126.06	16.02	127.35	14.75	131.40	10.37	1.65	0.18
问题行为（家长版）	26.57	15.02	25.43	13.44	26.69	13.84	21.93	10.52	1.35	0.26
问题行为（教师版）	21.90	11.19	23.29	12.21	24.77	11.61	20.95	11.60	1.01	0.39

家庭年收入在儿童的图片词汇测验（$p=0.19>0.05$）、图片情绪指认和命名（$p=0.10>0.05$）、家庭情绪表露（$p=0.08>0.05$）、亲子和师幼关系质量（亲子关系质量 $p=0.06>0.05$；师幼关系质量 $p=0.06>0.05$）、社会性技能（家长版 $p=0.30>0.05$；教师版 $p=0.18>0.05$）、问题行为（家长版 $p=0.26>0.05$；教师版 $p=0.39>0.05$）上，均不存在显著性差异。

5）不同父母婚姻状况儿童的差异性分析

表 5.9 的结果显示，在图片情绪指认和命名得分上，父母婚姻状况的差异达到了显著性水平（$p=0.03<0.05$）。父母已婚并同居的儿童所得均值是 16.20，父母已婚但分居的儿童所得均值是 13.60，父母离异或丧偶等其他情况的均值是 16.25。

表5.9 不同父母婚姻状况的儿童在 2 个测试和 7 个量表的得分和 F 检验方差分析结果

变量类型	已婚同居（N=216）		已婚分居（N=17）		离异或丧偶等其他情况（N=13）		F	p
	M	SD	M	SD	M	SD		
图片词汇测验	22.50	11.61	18.40	9.60	22.23	18.71	0.81	0.45
图片情绪指认和命名	16.20	3.54	13.60	3.85	16.25	4.61	3.60	0.03
家庭情绪表露	226.53	45.20	213.07	47.79	242.55	57.98	1.31	0.27
亲子关系质量	57.92	8.09	54.06	6.13	57.62	9.39	1.81	0.17
师幼关系质量	94.89	11.11	88.23	11.22	92.55	10.98	2.34	0.10
社会性技能（家长版）	128.17	19.49	119.31	20.08	138.46	20.72	3.28	0.04
社会性技能（教师版）	124.46	14.22	122.44	16.38	125.42	13.32	2.92	0.06

续表

变量类型	已婚同居（N=216）		已婚分居（N=17）		离异或丧偶等其他情况（N=13）		F	p
	M	SD	M	SD	M	SD		
问题行为（家长版）	24.92	13.41	26.44	13.85	26.92	16.06	0.21	0.81
问题行为（教师版）	22.45	11.96	27.27	8.50	23.64	8.70	1.22	0.30

在社会性技能（家长版）总得分上，父母婚姻状况的差异达到了显著性水平（$p=0.04<0.05$）。父母已婚并同居的均值是 128.17，父母已婚但分居的均值是 119.31，父母离异或丧偶等其他情况的均值是 138.46。

然而，在图片词汇测验（$p=0.45>0.05$）、家庭情绪表露（$p=0.27>0.05$）、亲子和师幼关系质量（亲子关系质量 $p=0.17>0.05$；师幼关系质量 $p=0.10>0.05$）、社会性技能（教师版）（$p=0.06>0.05$）、问题行为（家长版 $p=0.81>0.05$；教师版 $p=0.30>0.05$）上，均不存在显著性差异。

6）不同母亲受教育水平儿童的差异性分析

表 5.10 的结果显示，在图片词汇测验总得分上，母亲受教育水平的差异达到了显著性水平（$p=0.00<0.05$）。母亲为小学水平的儿童（1 组）得分均值 19.57，初中（2 组）均值 21.19，高中或中专（3 组）均值 26.06，大专的（4 组）均值 21.20，本科及以上（5 组）均值 38.14。

在图片情绪指认和命名（$p=0.41>0.05$）、家庭情绪表露（$p=0.31>0.05$）亲子和师幼关系质量（亲子关系质量 $p=0.25>0.05$；师幼关系质量 $p=0.62>0.05$）、社会性技能（家长版 $p=0.78>0.05$；教师版 $p=0.12>0.05$）、问题行为（家长版 $p=0.12>0.05$；教师版 $p=0.31>0.05$）上，均不存在显著性差异。

表 5.10　不同母亲受教育水平的儿童在 2 个测试和 7 个量表的得分和方差分析结果

变量类型	1组（N=25）		2组（N=149）		3组（N=40）		4组（N=50）		5组（N=9）		F	p
	M	SD	M	SD	M	SD	M	SD	M	SD		
图片词汇测验	19.57	13.99	21.19	9.50	26.06	13.08	21.20	12.18	38.14	25.54	4.79	0.00
图片情绪指认和命名	15.26	4.37	15.93	3.59	16.46	3.36	15.83	3.47	18.14	4.18	0.10	0.41
家庭情绪表露	223.40	56.18	221.52	44.14	231.21	44.37	237.72	47.94	245.56	27.16	1.21	0.31

续表

变量 类型	1组 (N=25)		2组 (N=149)		3组 (N=40)		4组 (N=50)		5组 (N=9)		F	p
	M	SD	M	SD	M	SD	M	SD	M	SD		
亲子 关系 质量	55.40	7.91	57.44	8.00	58.45	8.65	60.89	7.14	57.56	7.43	1.35	0.25
师幼 关系 质量	91.61	13.10	94.39	11.03	96.03	10.28	93.93	11.40	97.57	14.62	0.67	0.62
社会 性技 能 （家长 版）	126.04	23.64	123.33	20.00	126.05	15.87	128.61	16.97	125.56	18.37	0.44	0.78
社会 性技 能 （教师 版）	122.91	15.98	126.38	14.95	131.67	12.47	128.24	10.45	135.00	16.48	1.93	0.12
问题 行为 （家长 版）	30.70	16.51	26.03	13.49	23.58	13.41	21.83	11.11	19.11	9.49	1.84	0.12
问题 行为 （教师 版）	27.36	11.50	22.71	11.74	23.32	11.46	21.12	10.88	18.29	13.02	1.20	0.31

7) 不同父亲受教育水平儿童的差异性分析

表 5.11 结果显示，在图片词汇测验总得分上，父亲受教育水平的差异达到了显著性水平（p=0.000<0.01）。父亲为小学水平的儿童（1 组）得分均值 13.82，初中（2 组）均值 21.95，高中或中专（3 组）均值 22.17，大专的（4 组）均值 24.69，本科及以上（5 组）均值 37.20，说明儿童的得分随着父亲受教育水平的提高而提高。

表 5.11　不同父亲受教育水平的儿童在 2 个测试和 7 个量表的得分和 F 检验方差分析结果

变量 类型	1组 (N=12)		2组 (N=149)		3组 (N=50)		4组 (N=16)		5组 (N=13)		F	p
	M	SD	M	SD	M	SD	M	SD	M	SD		
图片 词汇 测验	13.82	7.01	21.95	10.67	22.17	9.43	24.69	13.05	37.20	24.88	5.89	0.00
图片 情绪 指认 和命 名	14.64	4.52	15.82	3.60	16.27	3.61	16.93	3.26	17.09	4.35	1.01	0.40
家庭 情绪 表露	227.83	66.62	219.10	44.46	236.62	44.83	239.47	30.96	249.62	29.58	2.84	0.03

续表

变量类型	1组 (N=12)		2组 (N=149)		3组 (N=50)		4组 (N=16)		5组 (N=13)		F	p
	M	SD	M	SD	M	SD	M	SD	M	SD		
亲子关系质量	55.08	9.19	56.77	7.76	60.14	8.91	62.50	5.23	57.31	6.85	3.49	0.01
师幼关系质量	90.45	14.90	93.88	10.52	97.27	11.27	95.42	11.39	94.36	14.37	1.16	0.33
社会性技能（家长版）	129.18	26.05	124.60	20.71	123.60	15.60	121.81	15.43	125.69	16.76	0.27	0.89
社会性技能（教师版）	118.09	14.43	126.62	14.79	128.69	14.77	130.86	8.09	133.27	15.56	1.96	0.10
问题行为（家长版）	27.00	17.28	26.95	13.48	22.17	12.51	20.44	11.68	18.92	9.78	2.53	0.04
问题行为（教师版）	28.40	11.63	22.86	11.34	23.40	13.10	21.62	10.81	18.18	11.38	1.06	0.38

在家庭表露情绪上，父亲受教育水平的差异达到了显著性水平（$p=0.03<0.05$）。小学均值 227.83，初中均值 219.10，高中或中专均值 236.62，大专均值 239.47，本科及以上均值 249.62。

在亲子关系质量上，父亲受教育水平的差异达到了显著性水平（$p=0.01<0.05$）。小学均值 55.08，初中均值 56.77，高中或中专均值 60.14，大专均值 62.50，本科及以上均值 57.31。

在问题行为（家长版）上，父亲受教育水平的差异达到了显著性水平（$p=0.04<0.05$）。小学均值 27.00，初中均值 26.95，高中或中专均值 22.17，大专均值 20.44，本科及以上均值 18.92。在家长评价中，父亲的受教育水平越高，幼儿的问题行为水平越低。

在图片情绪指认和命名（$p=0.40>0.05$）、师幼关系质量（$p=0.33>0.05$）、社会性技能（家长版 $p=0.89$；教师版 $p=0.10>0.05$）、问题行为（教师版）（$p=0.38>0.05$）上，均不存在显著性差异。

3. 留守与非留守儿童现况的差异性分析

为考察留守儿童和非留守儿童（双、单留守）现况的差异性，将 3 组儿童在 2 个测试、7 个量表上所得总分及量表各维度得分分别进行方差分析，结果如表 5.12 所示。

表 5.12　留守与非留守儿童在 2 个测试和 7 个量表的得分和 F 检验方差分析结果

变量类型	留守儿童				非留守儿童（$N=150$）		F	p
	双留守（$N=18$）		单留守（$N=78$）					
	M	SD	M	SD	M	SD		
图片词汇测验	20.78	9.32	20.93	12.43	23.05	12.11	0.82	0.44
图片情绪指认和命名	15.93	3.19	16.05	3.66	16.22	3.75	0.95	0.05
家庭情绪表露								
积极表露	112.37	14.64	102.91	18.55	128.73	34.76	1.67	0.05
消极表露	120.61	8.59	121.31	23.51	120.73	8.73	1.59	0.92
总分	232.98	16.63	224.22	28.51	249.46	37.89	2.28	0.79
亲子关系质量								
亲密性	23.50	2.33	27.35	3.23	30.40	4.53	2.26	0.06
冲突性	22.78	5.61	21.53	5.56	20.70	5.51	1.75	0.56
总分	58.72	7.17	53.82	7.14	60.71	7.20	2.30	0.71
师幼关系质量								
亲密性	32.33	3.27	32.34	3.45	32.64	3.99	0.17	0.84
冲突性	19.39	3.15	18.96	3.05	18.45	3.51	0.97	0.38
依赖性	39.61	9.11	37.61	8.23	38.96	7.33	0.88	0.42
总分	94.56	12.07	92.86	11.90	95.10	10.69	0.88	0.42
社会性技能（家长版）								
交流	18.33	3.51	18.42	2.92	19.68	3.44	1.41	0.06
合作	15.61	2.33	16.37	2.56	17.40	2.32	1.64	0.07
自信	16.17	2.79	17.25	2.81	19.01	3.85	9.94	0.00
责任	14.39	2.55	15.75	2.78	17.01	3.34	8.27	0.00
共情	16.33	2.33	16.09	2.60	17.00	3.03	2.67	0.07
参与	18.50	3.28	19.63	3.16	20.47	3.54	2.59	0.06
自控	15.39	3.29	16.33	3.46	18.00	4.06	7.21	0.00
总分	114.72	14.32	120.57	16.14	128.60	21.14	1.09	0.06
社会性技能（教师版）								
交流	19.11	2.59	19.13	2.95	19.34	2.78	0.16	0.85

续表

变量类型	留守儿童				非留守儿童（N=150）		F	p
	双留守（N=18）		单留守（N=78）					
	M	SD	M	SD	M	SD		
合作	18.00	1.78	17.62	2.62	17.72	2.56	0.17	0.85
自信	19.50	2.38	19.22	2.47	19.42	2.66	0.17	0.85
责任	17.67	2.09	17.63	2.45	17.78	2.57	0.10	0.91
共情	17.61	1.65	17.49	2.89	17.46	2.36	0.04	0.97
参与	18.81	2.71	19.32	2.94	19.31	2.66	0.25	0.78
自控	15.50	2.90	15.63	2.88	15.84	2.88	0.21	0.81
总分	127.25	11.91	126.38	14.72	127.87	14.71	0.23	0.79
问题行为（家长版）								
外向问题	4.39	2.77	5.41	1.97	4.73	2.10	1.56	0.10
欺侮问题	6.06	1.43	4.23	2.63	4.21	1.91	1.00	0.21
多动问题	8.11	3.48	8.88	3.07	7.01	2.93	0.61	0.34
内向问题	5.50	3.09	6.54	2.58	5.14	2.29	2.64	0.13
自闭问题	8.33	2.03	8.27	2.76	4.73	2.68	0.92	0.06
总分	32.39	10.09	33.33	10.20	25.82	9.98	1.29	0.13
问题行为（教师版）								
外向问题	4.76	1.53	4.66	1.85	4.39	2.22	0.55	0.56
欺侮问题	5.22	1.80	4.63	1.87	4.59	1.88	0.91	0.41
多动问题	5.67	3.91	5.28	3.64	4.67	4.18	0.86	0.42
内向问题	5.33	2.93	4.51	2.51	4.36	2.80	1.03	0.36
自闭问题	5.33	2.87	4.76	3.17	4.76	3.61	0.23	0.80
总分	26.65	10.91	22.41	10.31	22.57	12.30	0.99	0.37

由表 5.12 可知，在图片词汇测验得分上，双留守儿童均值 20.78，单留守儿童均值 20.93，非留守儿童均值 23.05，留守类型没有达到显著性差异水平（$p=0.44>0.05$），说明留守与非留守儿童在语言发展总体状况上无异。

在图片情绪指认和命名得分上，接近显著性差异水平（$p=0.05$），双留守儿童均值 15.93，单留守 16.05，非留守 16.22，说明留守儿童在情绪能力发展上比非留守儿童差。

在家庭情绪表露总得分上，留守和非留守儿童不存在显著性差异（$p=0.79>$

0.05）；在积极表露上，接近显著性差异水平（$p=0.05$），双留守儿童均值 112.37，单留守儿童均值 102.91，非留守儿童均值 128.73，说明留守儿童的家庭积极表露水平比非留守儿童低；在消极表露维度上，无显著性差异（$p=0.92>0.05$）。

在亲子关系质量总得分上，留守和非留守儿童不存在显著性差异（$p=0.71>0.05$），在亲密性和冲突性维度上，均无显著性差异（亲密性 $p=0.06>0.05$；冲突性 $p=0.56>0.05$）。

在师幼关系质量总得分上，留守和非留守儿童不存在显著性差异（$p=0.42>0.05$）。在亲密性、冲突性和依赖性维度上，均无显著性差异（亲密性 $p=0.84>0.05$；冲突性 $p=0.38>0.05$；依赖性 $p=0.42>0.05$）。

在社会性技能（家长版）总得分上，留守和非留守儿童接近显著性差异（$p=0.06>0.05$）。在自信维度上，达到了显著性差异水平（$p=0.00<0.05$），双留守儿童均值 16.17，单留守均值 17.25，非留守均值 19.01，说明留守儿童在自信心发展方面比非留守儿童差；在责任维度上，达到了显著性差异水平（$p=0.00<0.05$），双留守儿童均值 14.39，单留守均值 15.75，非留守均值 17.01，说明留守儿童在责任发展方面比非留守儿童差；在自控维度上，达到了显著性差异水平（$p=0.00<0.05$），双留守儿童均值 15.39，单留守均值 16.33，非留守均值 18.00，说明留守儿童在自控发展方面比非留守儿童差；在交流、合作、共情、参与 4 个维度上，留守与非留守儿童不存在显著性差异（交流 $p=0.06>0.05$；合作 $p=0.07>0.05$；共情 $p=0.07>0.05$；参与 $p=0.06>0.05$），说明留守儿童在这 4 个维度上的发展无异于非留守儿童。

在社会技能（教师版）总得分上，留守类型没有达到显著性差异水平（$p=0.79>0.05$）。在交流、合作、自信、责任、共情、参与、自控 7 个维度上，也均不存在显著性差异（交流 $p=0.85>0.05$；合作 $p=0.85>0.05$；自信 $p=0.85>0.05$；责任 $p=0.91>0.05$；共情 $p=0.97>0.05$；参与 $p=0.78>0.05$；自控 $p=0.81>0.05$）。

在儿童问题行为总得分上，留守类型没有达到显著性差异水平（家长版 $p=0.13>0.05$；教师版 $p=0.37>0.05$）。家长版在外向、欺侮、多动、内向、自闭 5 个维度上，留守与非留守儿童均不存在显著性差异（外向 $p=0.10>0.05$；欺侮 $p=0.21>0.05$；多动 $p=0.34>0.05$；内向 $p=0.13>0.05$；自闭 $p=0.06>0.05$）；教师版在外向、欺侮、多动、内向、自闭 5 个维度上，留守与非留守儿童均不存在显著性差异（外向 $p=0.56>0.05$；欺侮 $p=0.41>0.05$；多动 $p=0.42>0.05$；内向 $p=0.36>0.05$；自闭 $p=0.80>0.05$）。

4. 留守儿童所处环境因素对其问题行为的影响机制——中介模型

1）家庭中介模型

留守儿童面临的一大问题是与家长见面时间短，缺少沟通和交流，家庭积极情绪表露更少，水平更低。因此，本家庭模型以家庭积极情绪表露为自变量，问题行为为因变量，社会性技能为中介变量建立结构方程模型。

基于总体样本得到的中介模型，如图 5.1 所示，所有路径系数均达到了统计上的显著性水平（$p < 0.05$），且模型拟合良好：$\chi^2/df = 38.92$，CFI $= 0.97$，TLI $= 0.97$，RMSEA $= 0.03$。结果表明，总体家庭积极情绪表露对幼儿问题行为存在直接效应，社会性技能在家庭积极情绪表露与儿童问题行为之间起部分中介作用。间接效应在总效应中所占比例为 0.15。

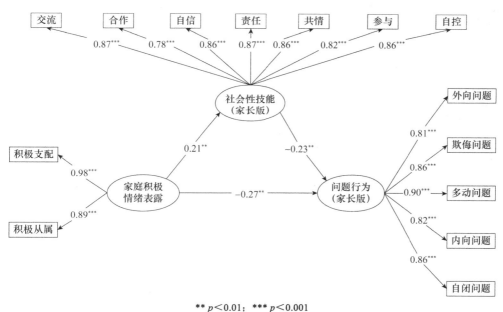

$** p < 0.01$；$*** p < 0.001$

图 5.1 家庭积极情绪表露→问题行为的中介模型（总体样本）

进一步检验社会性技能的中介效应是否具有跨性别的一致性。首先，分别在男性和女性样本中建立中介效应模型，结果发现，男性模型各项拟合指标为：$\chi^2/df = 18.17$，CFI $= 0.96$，TLI $= 0.96$，RMSEA $= 0.04$；女性模型各项拟合指标为 $\chi^2/df = 22.73$，CFI $= 0.98$，TLI $= 0.97$，RMSEA $= 0.04$。总体来说，各项拟合指标可接受，可进行跨组比较。之后，将男性和女性中介模型合为整体自由估计作为非限制模型，再将男性和女性中介模型的结构参数（structural parameters）限制为相等作为限制模型，结果发现，与非限制模型相比，限制模型拟合显著变差（$\Delta\chi^2 = 16.42$，$\Delta df = 15$；$p < 0.001$），表明该中介模型在男性和女性中具有不同的潜在结构，即社会性技能的中介效应存在性别差异。Bootstrap 分析方法的总体模型、男儿童模型和女儿童模型的路径间接系数见表 5.13。

表 5.13　对中介效应显著性进行检验的路径间接系数

模型	路径	效应值	SE	95% CI
总体模型	家庭积极情绪表露→问题行为（总效应）	−0.32	0.01	[−0.18, −0.04]
	家庭积极情绪表露→问题行为（直接效应）	−0.27	0.09	[−0.27, −0.10]
	家庭积极情绪表露→社会性技能→问题行为	−0.05	0.02	[−0.08, −0.01]
男儿童模型	家庭积极情绪表露→问题行为（总效应）	−0.10	0.01	[−0.08, 0.00]
	家庭积极情绪表露→问题行为（直接效应）	−0.03	0.02	[−0.25, 0.04]
	家庭积极情绪表露→社会性技能→问题行为	−0.07	0.04	[−0.13, −0.01]
女儿童模型	家庭积极情绪表露→问题行为（总效应）	−0.05	0.01	[−0.04, 0.01]
	家庭积极情绪表露→问题行为（直接效应）	−0.02	0.06	[−0.19, 0.06]
	家庭积极情绪表露→社会性技能→问题行为	−0.03	0.03	[−0.07, 0.01]

注：CI 指置信区间（confidence interval）；SE 为标准误（Standard Error）。

　　基于男儿童样本得到的中介模型如图 5.2 所示，除了家庭积极情绪表露对问题行为无直接效应以外，所有路径系数均达到了统计上的显著性水平（$p < 0.05$）。结果表明，在男儿童样本中，社会性技能在家庭积极情绪表露与儿童问题行为之间起完全中介作用。

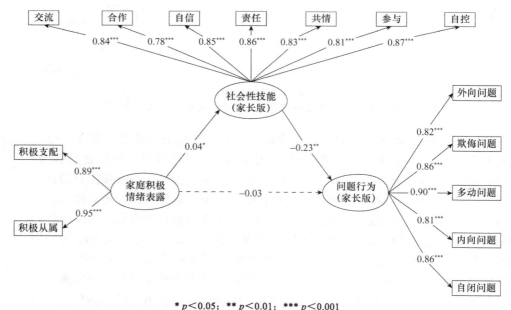

$* p < 0.05$；$** p < 0.01$；$*** p < 0.001$

图 5.2　家庭积极情绪表露→问题行为的中介模型（男儿童样本）

　　基于女儿童样本得到的中介模型如图 5.3 所示，所有路径系数均未达到统计上的显著性水平（$p<0.05$）。结果表明，在女儿童样本中，社会性技能在家庭积极情绪表露与儿童问题行为之间无中介作用。

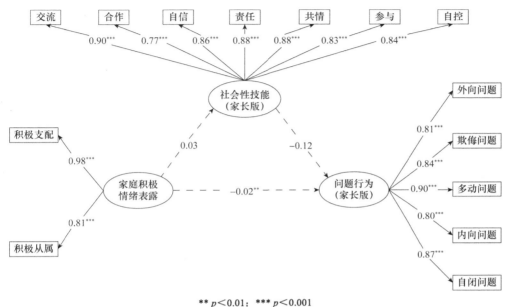

** $p<0.01$；*** $p<0.001$

图 5.3　家庭积极情绪表露→问题行为的中介模型（女儿童样本）

2）教师中介模型

教师模型以教师评定的图片情绪指认和命名实验所测的情绪能力为自变量，问题行为为因变量，师幼关系为中介变量建立结构方程模型。

基于总体样本得到的中介模型如图 5.4 所示，除了情绪能力对问题行为无直接效应以外，所有路径系数均达到了统计上的显著性水平（$p<0.05$），且模型拟合良好：$\chi^2/df=71.83$，CFI$=0.68$，TLI$=0.55$，RMSEA$=0.03$。结果表明，总体情绪能力对儿童问题行为不存在直接效应，师幼关系在情绪能力与儿童问题行为之间起完全中介作用。

进一步检验社会性技能的中介效应是否具有跨性别的一致性。首先，分别在男性和女性样本中建立中介效应模型，结果发现，男性模型各项拟合指标为 $\chi^2/df=39.73$，CFI$=0.63$，TLI$=0.47$，RMSEA$=0.08$；女性模型各项拟合指标为 $\chi^2/df=35.16$，CFI$=0.75$，TLI$=0.64$，RMSEA$=0.08$。总体来说，各项拟合指标可接受，可进行跨组比较。之后，将男性和女性中介模型合为整体自由估计作为非限制模型，再将男性和女性中介模型的结构参数限制为相等作为限制模型，结果发现，与非限制模型相比，限制模型拟合无显著差异（$\Delta\chi^2=16.07$，$\Delta df=14$；$p=0.36>0.05$），表明该中介模型在男性和女性中潜在结构无显著不同，即师幼关系的中介效应不存在显著性别差异。总体模型、男儿童模型和女儿童模型的路径间接系数见表 5.14。

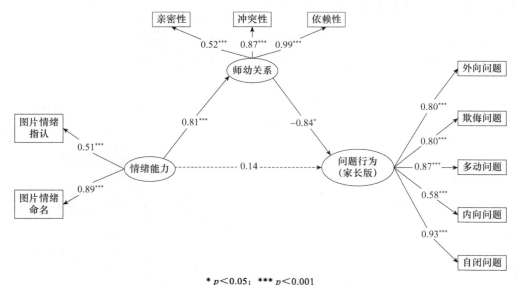

* $p<0.05$；*** $p<0.001$

图 5.4　情绪能力→问题行为的中介模型（总体样本）

表 5.14　对中介效应显著性进行检验的路径间接系数

路径	模型	效应值	SE	95% CI
总体模型	情绪能力→问题行为（总效应）	−0.22	0.08	[−0.21, 0.01]
	情绪能力→问题行为（直接效应）	0.14	0.12	[−0.07, 0.20]
	情绪能力→社会性技能→问题行为	−0.36	0.11	[−0.54, −0.18]
男儿童模型	情绪能力→问题行为（总效应）	−0.29	0.02	[−0.29, 0.18]
	情绪能力→问题行为（直接效应）	0.04	0.13	[−0.12, 0.26]
	情绪能力→社会性技能→问题行为	−0.33	0.11	[−0.51, −0.15]
女儿童模型	情绪能力→问题行为（总效应）	−0.08	0.01	[−0.18, 0.01]
	情绪能力→问题行为（直接效应）	0.49	0.28	[−0.12, 0.60]
	情绪能力→社会性技能→问题行为	−0.57	0.16	[−0.83, −0.31]

　　基于男儿童样本得到的中介模型如图 5.5 所示，除了情绪能力对问题行为无直接效应以外，所有路径系数均达到了统计上的显著性水平（$p<0.05$）。结果表明，在男儿童样本中，师幼关系在情绪能力与儿童问题行为之间起完全中介作用。

　　基于女儿童样本得到的中介模型如图 5.6 所示，除了情绪能力对问题行为无直接效应以外，所有路径系数均达到了统计上的显著性水平（$p<0.05$）。结果表明，在男儿童样本中，师幼关系在情绪能力与儿童问题行为之间起完全中介作用。

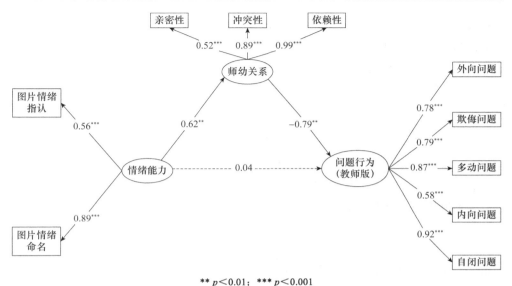

** *p*＜0.01；*** *p*＜0.001

图 5.5　情绪能力→问题行为的中介模型（男儿童样本）

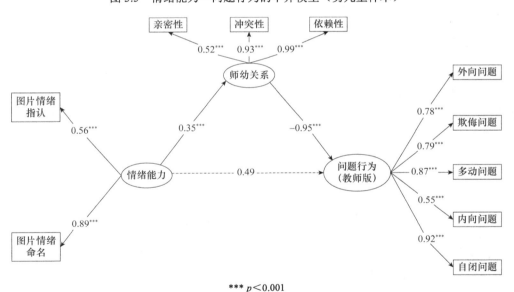

*** *p*＜0.001

图 5.6　情绪能力→问题行为的中介模型（女儿童样本）

四、研究结论

1. 儿童发展现况的差异性分析结论

在儿童性别上，社会性技能（教师版）存在显著差异。女儿童的社会性技能比男儿童高。

在儿童月龄上，图片词汇测验分数、师幼关系质量存在显著差异。月龄越大，图片词汇测验分数越高，师幼关系越好。

在儿童父母婚姻状况上，图片情绪指认和命名、社会性技能（家长版）存在显著差异。婚姻状况越好，图片情绪指认和命名得分越高，社会性技能（家长版）越好。

在儿童母亲受教育水平上，图片词汇测验得分存在显著差异。母亲受教育水平越高，儿童的图片词汇测验总分越高。

在儿童父亲受教育水平上，图片词汇测验得分、家庭表露情绪、亲子关系质量、问题行为（家长版）存在显著差异。父亲受教育水平越高，图片词汇测验得分越高，家庭表露情绪得分越高，亲子关系质量越好，问题行为（家长版）越少。

2. 留守与非留守儿童现况的差异性分析结论

留守与非留守儿童在图片情绪指认和命名、家庭积极情绪表露上接近显著性差异，在自信、责任和自控能力上，存在显著性差异。这说明留守儿童的自信、责任和自控能力比非留守儿童差。

3. 留守儿童所处环境因素对其问题行为的影响机制：中介模型分析结论

1）家庭模型

家庭积极情绪表露对儿童问题行为存在直接效应，社会性技能在家庭积极情绪表露和儿童问题行为之间起部分中介作用。家庭积极情绪表露对儿童问题行为的中介模型存在性别差异：在男性模型中，社会性技能在家庭积极情绪表露和儿童问题行为之间起完全中介作用；在女性模型中，社会性技能在家庭积极情绪表露和儿童问题行为之间无显著中介作用。

2）教师模型

儿童情绪能力对其问题行为无显著直接效应，师幼关系在情绪能力和问题行为之间起完全中介作用。儿童情绪能力对其问题行为的中介模型无显著性别差异：在男性模型中，师幼关系在情绪能力和问题行为之间起完全中介作用；在女性模型中，师幼关系在情绪能力和问题行为之间起完全中介作用。

第二节　留守儿童教育促进的实证研究

上节（描述性和变量间相关分析、儿童发展现况的差异性分析、留守与非留守儿童现况的差异性分析、留守儿童所处环境因素对其问题行为的影响机制——中介模型）从横向的角度揭示了儿童的发展水平及变量之间的关系。本节将从纵向角度，即用追踪调查数据，分析对留守儿童进行干预两年后，他们的社会性技能和问题行为水平的发展变化，说明多模态信息技术对儿童各方面发展因素影响的稳定性。

一、研究对象取样阶段

详见本章第一节。

二、施测阶段

本次调研主要采用问卷和测试相结合的方法。

数据分析使用 SPSS 23.0 进行儿童发展的差异性分析，统计各变量的分布情况，计算其相关关系，计算各变量前后测的差异。

三、数据分析阶段

1. 留守组与非留守组前测差异比较

采用独立样本 t 检验对留守组、非留守组两组被试前测数据进行差异比较。由表 5.15 可知，留守组、非留守组在自信（$p=0.00<0.05$）、责任（$p=0.00<0.05$）和自控能力（$p=0.03<0.05$）上前测差异显著。在自信水平上，留守儿童均值 12.30，非留守儿童均值 17.43，说明在前测，留守儿童在自信心发展方面比非留守儿童差；在责任水平上，留守儿童均值 10.60，非留守儿童均值 16.09，说明在前测，留守儿童在责任心发展方面比非留守儿童差；在自控水平上，留守儿童均值 13.70，非留守儿童均值 16.57，说明在前测，留守儿童在自控能力发展方面比非留守儿童差。

表 5.15 留守与非留守儿童前测差异比较

变量	留守儿童（$N=96$）		非留守儿童（$N=150$）		t	p
	M	SD	M	SD		
社会性技能						
交流	19.56	2.88	19.11	2.21	0.46	0.65
合作	17.38	2.56	17.11	2.47	0.26	0.80
自信	12.30	5.52	17.43	2.83	−3.56	0.00
责任	10.60	2.32	16.09	2.37	−6.15	0.00
共情	18.29	1.38	16.37	2.54	1.88	0.07
参与	21.13	3.76	19.74	3.43	0.93	0.34
自控	13.70	4.22	16.57	2.81	−2.31	0.03
总分	119.33	11.40	123.16	14.21	−0.60	0.56

变量	留守儿童（N=96）		非留守儿童（N=150）		t	p
	M	SD	M	SD		
问题行为						
外向问题	2.89	2.21	1.63	1.38	0.56	0.58
欺侮问题	2.50	2.20	1.63	1.38	1.25	0.22
多动问题	5.67	2.96	4.53	1.71	1.30	0.21
内向问题	3.60	2.46	3.25	2.00	0.42	0.68
自闭问题	4.70	2.63	4.65	2.11	0.06	0.96
总分	19.71	13.15	16.00	7.22	0.91	0.37

在交流能力上，留守儿童均值 19.56，非留守儿童均值 19.11，留守与非留守儿童之间差异不大，没有达到显著水平（$p=0.65>0.05$）；在合作能力上，留守儿童均值 17.38，非留守儿童均值 17.11，留守与非留守儿童之间差异不大，没有达到显著水平（$p=0.80>0.05$）；在共情能力上，留守儿童均值 18.29，非留守儿童均值 16.37，留守与非留守儿童之间差异不大，没有达到显著水平（$p=0.07>0.05$）；在参与能力上，留守儿童均值 21.13，非留守儿童均值 19.74，留守与非留守儿童之间差异不大，没有达到显著水平（$p=0.34>0.05$）；在社会性技能总分上，留守儿童均值 119.33，非留守儿童均值 123.16，留守与非留守儿童之间差异不大，没有达到显著水平（$p=0.56>0.05$）；在外向问题上，留守儿童均值 2.89，非留守儿童均值 1.63，留守与非留守儿童之间差异不大，没有达到显著水平（$p=0.58>0.05$）；在欺侮问题上，留守儿童均值 2.50，非留守儿童均值 1.63，留守与非留守儿童之间差异不大，没有达到显著水平（$p=0.22>0.05$）；在多动问题上，留守儿童均值 5.67，非留守儿童均值 4.53，留守与非留守儿童之间差异不大，没有达到显著水平（$p=0.21>0.05$）；在内向问题上，留守儿童均值 3.60，非留守儿童均值 3.25，留守与非留守儿童之间差异不大，没有达到显著水平（$p=0.68>0.05$）；在自闭问题上，留守儿童均值 4.70，非留守儿童均值 4.65，留守与非留守儿童之间差异不大，没有达到显著水平（$p=0.96>0.05$）；在问题行为总分上，留守儿童均值 19.71，非留守儿童均值 16.00，留守与非留守儿童之间差异不大，没有达到显著水平（$p=0.37>0.05$）。

2. 留守组与非留守组干预前后差异比较

对留守组、非留守组各变量的前后测数据进行配对样本 t 检验。由表 5.16 可知，留守组在自信（$p=0.00<0.05$）、责任（$p=0.00<0.05$）和自控能力（$p=0.02<0.05$）3 个变量上前后测差异显著；非留守组仅在欺侮问题（$p=0.04<$

0.05）上前后测差异显著。在自信水平上，留守组前测均值 12.30，后测均值 16.80，说明经过干预后，留守儿童的自信水平有显著提高；在责任水平上，留守组前测均值 10.60，后测均值 14.00，说明经过干预后，留守儿童的责任水平有显著提高；在自控能力水平上，留守组前测均值 13.70，后测均值 16.80，说明经过干预后，留守儿童的自控能力有显著提高；在欺侮问题上，非留守组前测均值 1.56，后测均值 1.00，说明两年后，非留守儿童的欺侮问题有显著改善。此外，在其他水平上，留守与非留守儿童的前后测水平未达到显著性差异水平，具体情况如表 5.16 所示。

表 5.16 留守与非留守组各变量的前后测差异比较

变量	组别	前测		后测		t	p
		M	SD	M	SD		
社会性技能							
交流	留守	19.56	2.88	19.00	4.03	0.49	0.64
	非留守	19.11	2.21	19.61	4.35	−0.34	0.74
合作	留守	17.38	2.56	17.38	2.50	0.00	0.99
	非留守	17.11	2.47	17.56	4.02	−0.28	0.79
自信	留守	12.30	5.52	16.80	4.26	−5.08	0.00
	非留守	17.43	2.83	19.27	8.63	−0.99	0.33
责任	留守	10.60	2.32	14.00	3.50	−4.95	0.00
	非留守	16.09	2.37	16.32	3.64	−0.26	0.80
共情	留守	18.29	1.38	15.00	5.03	2.05	0.09
	非留守	16.37	2.54	16.83	4.23	−0.33	0.74
参与	留守	21.13	3.76	21.00	4.11	0.09	0.93
	非留守	19.74	3.43	20.78	3.75	−0.97	0.35
自控	留守	13.70	4.22	16.80	4.78	−2.77	0.02
	非留守	16.57	2.81	18.00	4.63	−1.32	0.20
总分	留守	119.33	11.40	125.33	24.30	−0.98	0.37
	非留守	123.16	14.21	129.83	30.76	−0.86	0.40
问题行为							
外向问题	留守	2.89	2.21	2.22	2.05	0.87	0.41
	非留守	1.63	1.38	2.29	2.14	0.28	0.78
欺侮问题	留守	2.50	2.20	1.63	1.77	1.11	0.30
	非留守	1.63	1.38	1.00	1.14	2.26	0.04

续表

变量	组别	前测		后测		t	p
		M	SD	M	SD		
多动问题	留守	5.67	2.96	5.22	3.49	0.29	0.78
	非留守	4.53	1.71	4.56	2.62	−0.12	0.91
内向问题	留守	3.60	2.46	2.00	1.63	1.67	0.13
	非留守	3.25	2.00	2.37	2.45	1.85	0.08
自闭问题	留守	4.70	2.63	4.10	2.51	0.53	0.61
	非留守	4.65	2.11	3.53	2.37	2.06	0.05
总分	留守	19.71	13.15	16.00	10.79	0.62	0.56
	非留守	16.00	7.22	13.41	8.25	1.57	0.14

3. 留守组与非留守组后测差异比较

采用独立样本 t 检验对留守组、非留守组两组被试后测数据进行差异比较。由表 5.17 可知，留守组、非留守组在各个变量上无显著差异。

在交流能力上，留守儿童均值 19.00，非留守儿童均值 19.61，留守与非留守儿童之间差异不大，没有达到显著水平（$p=0.46>0.05$）；在合作能力上，留守儿童均值 17.38，非留守儿童均值 17.56，留守与非留守儿童之间差异不大，没有达到显著水平（$p=0.32>0.05$）；在自信水平上，留守儿童均值 16.80，非留守儿童均值 19.27，留守与非留守儿童之间差异不大，没有达到显著水平（$p=0.40>0.05$）；在责任水平上，留守儿童均值 14.00，非留守儿童均值 16.32，留守与非留守儿童之间差异不大，没有达到显著水平（$p=0.10>0.05$）；在共情能力上，留守儿童均值 15.00，非留守儿童均值 16.83，留守与非留守儿童之间差异不大，没有达到显著水平（$p=0.35>0.05$）；在参与能力上，留守儿童均值 21.00，非留守儿童均值 20.78，留守与非留守儿童之间差异不大，没有达到显著水平（$p=0.36>0.05$）；在自控能力上，留守儿童均值 16.80，非留守儿童均值 18.00，留守与非留守儿童之间差异不大，没有达到显著水平（$p=0.51>0.05$）；在社会性技能总分上，留守儿童均值 125.33，非留守儿童均值 129.83，留守与非留守儿童之间差异不大，没有达到显著水平（$p=0.30>0.05$）；在外向问题上，留守儿童均值 2.22，非留守儿童均值 2.29，留守与非留守儿童之间差异不大，没有达到显著水平（$p=0.84>0.05$）；在欺侮问题上，留守儿童均值 1.63，非留守儿童均值 1.00，留守与非留守儿童之间差异不大，没有达到显著水平（$p=0.22>0.05$）；在多动问题上，留守儿童均值 5.22，非留守儿童均值 4.56，留守与非留守儿童之间差异不大，没有达到显著水平（$p=0.40>0.05$）；在内向问题上，留守儿童均值 2.00，非留守儿童均值 2.37，留守与非留守儿童之间差异不大，没有达到显著水平（$p=0.96>$

0.05）；在自闭问题上，留守儿童均值 4.10，非留守儿童均值 3.53，留守与非留守儿童之间差异不大，没有达到显著水平（$p=0.31>0.05$）；在问题行为总分上，留守儿童均值 16.00，非留守儿童均值 13.41，留守与非留守儿童之间差异不大，没有达到显著水平（$p=0.44>0.05$）。

表 5.17　留守与非留守组后测差异比较

变量	留守儿童（$N=10$）		非留守儿童（$N=23$）		t	p
	M	SD	M	SD		
社会性技能						
交流	19.00	4.03	19.61	4.35	−0.74	0.46
合作	17.38	2.50	17.56	4.02	−1.01	0.32
自信	16.80	4.26	19.27	8.63	−0.85	0.40
责任	14.00	3.50	16.32	3.64	−1.69	0.10
共情	15.00	5.03	16.83	4.23	−0.95	0.35
参与	21.00	4.11	20.78	3.75	−0.93	0.36
自控	16.80	4.78	18.00	4.63	−0.67	0.51
总分	125.33	24.30	129.83	30.76	−1.06	0.30
问题行为						
外向问题	2.22	2.05	2.29	2.14	0.21	0.84
欺侮问题	1.63	1.77	1.00	1.14	1.25	0.22
多动问题	5.22	3.49	4.56	2.62	0.85	0.40
内向问题	2.00	1.63	2.37	2.45	−0.05	0.96
自闭问题	4.10	2.51	3.53	2.37	1.03	0.31
总分	16.00	10.75	13.41	8.25	0.79	0.44

四、研究结果

在前测上，留守儿童与非留守儿童在自信、责任和自控能力上存在显著差异，留守儿童在自信、责任和自控能力水平上低于非留守儿童。

前测与后测对比结果显示，经过干预后，留守儿童的自信、责任和自控能力有显著提升，非留守儿童的欺侮问题有显著降低。

在后测上，留守儿童与非留守儿童在自信、责任和自控能力等水平上无显著差异，近似达到同一发展水平。

参 考 文 献

[1] Gresham F M, Elliott S N. Social skills improvement system: rating scales manual [M]. Minneapolis, MN: Person Assessments, 2008.

第六章
留守儿童干预措施

  2016 年 2 月，国务院印发《关于加强农村留守儿童关爱保护工作的意见》，强调必须重视留守儿童问题。根据全国妇联 2023 发布的《我国农村留守儿童状况研究报告》，目前我国学龄前留守儿童（0～5 岁）规模增长最快，占留守儿童的 38.37%。学龄前期是人生发展的奠基期，是否能够获得良好的保教支持直接影响儿童身体发展、认知发展，学业准备情况及他们成年后的薪酬水平和社会经济地位。留守儿童的父母常年在外，因此他们无法享受到父母正常的照顾和关爱，儿童权益也难以得到保障，由此会产生一系列的社会问题。现有研究表明留守儿童的身心健康或多或少会受到父母外出的影响。目前，在经济因素和制度因素的双重制约下，我们无法从根源上解决留守儿童问题，因此，探索能够切实解决留守儿童问题行为的干预方案十分重要。

  多数国内研究者从宏观层面对解决留守儿童教育问题进行了理论分析，对政府、幼儿园、社区、家庭等如何更好地关爱留守儿童提出了系列建议。例如，在政府层面，改革户籍制、农村教育体制，加强农村经济建设，支持农民工回乡创业，进一步完善《中华人民共和国义务教育法》《未成年人保护法》等法律法规实施细则等；在幼儿园层面，增加幼儿园数量、加大幼教师资投入、扩宽家园沟通渠道，为儿童和家长之间建立起沟通桥梁，为全托生配备生活老师，日夜监护留守儿童；在社会层面，建立农村儿童活动中心，利用媒体宣传，形成社会关爱网络，培育相关公益组织等；在家庭层面，通过各种方式培训留守儿童父母，提高亲子沟通的技巧，增加联系频率等。也有研究者针对留守儿童的问题行为，采用心理干预、教育干预、运动干预、音乐干预、绘画干预、绘本干预等方式促进留守儿童心理健康（详见第一章）。

  国外也有一些学者对移民家庭的子女提出了应对策略，如为幼儿提供生活上的"代理家长"或"代理妈妈"、开设父母教育课程，一些心理机构为幼儿提供团体咨询和心理治疗等。但是，国外移民家庭的子女大多与父母生活在一起，这与我国的留守儿童有很大区别，并且国外针对留守儿童的实证干预研究也非常少见。

  总之，国内外有关留守儿童的实践干预项目很少，大多针对留守儿童问题行为采用的干预手段十分单一，而且干预时间短，只能在短期内改善留守儿童问题行为，无法对未来效果进行准确预测。

针对上述状况，本研究充分利用多模态信息技术，深入评估留守儿童的语言和社会性发展状况，在前期调研的基础上，研发出具有针对性的多模态教育资源，为中国留守儿童提供自动化发展评估和立体化教育干预，促进留守儿童的发展进步。

本次干预历时 2 年，运用追踪调查数据分析多模态教育技术下的干预方案对留守儿童各方面发展影响的稳定性，有效弥补以往研究者干预时间过短无法预测干预的未来效果的问题，并且此次干预方式分为集中式干预与分散式干预，干预对象分为家庭端、教师端、儿童端，综合运用多模态信息技术，采取"线上＋线下"相结合的形式（见图 6.1），形成多层次、全方位、立体化干预方案，有效弥补前人干预手段单一的不足。

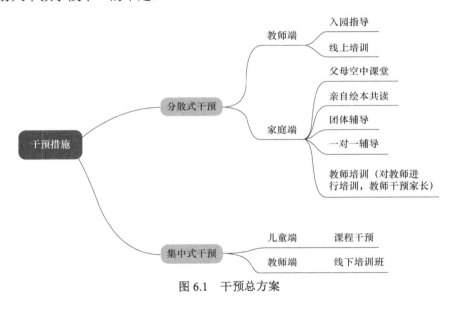

图 6.1　干预总方案

第一节　分散式干预

分散式干预分为教师端和家庭端两部分。教师端主要包括入园指导和线上培训，主要目的是形成关爱留守儿童氛围、促进教师专业发展、提升教师教育水平；家庭端主要包括父母空中课堂、亲子绘本共读、团体辅导、一对一咨询及教师培训，主要目的是传递科学教育观念、改善家长教养方式、促进亲子关系，以期从幼儿园、家庭和家园互动三方面提升学前教育质量，全面促进留守儿童发展。

一、教师端：教师培训干预

1. 有关幼儿园教师的培训

以往幼儿园教师的培训主要从加强针对性、注重实效性出发，立足园本资源开发和利用，充分发挥现有教师的作用，坚持理论学习与实际训练相结合、集中研修与分散自学相结合，通过集中学习、专家讲座、专题培训、读书交流、教师沙龙、自我反思等多种形式开展。经总结，培训的内容主要涵盖以下几个方面。

① 管理与教育理念培训。它包括国家幼教方针政策，幼儿园经营理念、管理理念、服务理念和教育理念。

② 教学技能培训。它主要依据幼儿园课程和儿童发展两大部分的要求而制定的评量指标来进行。评量指标主要包括课程实施方案，环境创设与利用，生活、游戏、学习活动的组织和开展，说课、听课、上课、评课的技巧，活动的组织提问策略，特色教育课程的组织与开展等。

③ 教育课程的培训。教育课程培训工作的实质是建立一种质量意识，通过教育课程培训，确立教学的质量、要求和导向，为幼教工作者从观念到行动的转变提供操作性指南，为教育教学诊断和质量提高提供依据，并在教育课程培训过程中进一步完善和改进。

④ 教学教研培训。教学教研培训的目的就是通过教研工作活动的开展，逐步建立"自我认识、自我调整、自我发展"的机制，使教研成为教师前进的动力，成为日常的工作状态，成为促进幼儿园保教质量不断提高的有效平台。通过对课程、课件和各项活动的总结和反思，形成个别经验典型化、零散经验系统化、个体经验普及化，力图把教育教学的本质属性很好地呈现给教师，并使优秀的教育教学方法常态化、规范化，从而更好地发挥课程改革的指导和引领作用。

⑤ 园所规章制度培训。园所的规章制度包括员工行为规范、工作岗位职责分工与岗位要求、薪资设计、职工保险、福利待遇与奖惩、工作程序和工作内容、幼儿园一日活动组织与规范等。

⑥ 安全管理课程培训。它的主要内容有儿童入离园安全检查、护理活动安全注意事项、整体环境安全注意事项等，特别要强调细节的管理。

⑦ 家长工作培训。家长工作培训通常包括家长工作的重要性、家长工作的主要问题、家长工作的目的和任务、家长的角色内涵、教师的角色内涵、教师如何面对家长、家长工作的有效策略、班级管理中家长工作的不足之处、家园沟通的技巧和艺术、家园合作的变迁等，其中家长工作的有效策略及家园沟通的技巧和艺术是幼儿园家长工作培训中的重要内容。

⑧ 教师职业道德素质培训。幼儿园教师职业道德素质培训以《教育部关于进一步加强和改进师德建设的意见》《幼儿园教师违反职业道德行为处理办法》为基

础，内容涵盖爱国守法、爱岗敬业、关爱学生、教书育人、为人师表、终身学习等方面。

⑨ 教师心理健康培训。教师心理健康培训的主要目的是加快心理健康教育教师队伍建设，做好幼儿园心理健康教育教师上岗资格认定上报工作，切实提高心理健康教育者的专业水平和自我调节的保健能力，使广大教师能运用心理学原理改善教育教学方法，在心理健康教育过程中有所收获，取得成就，为心理健康教育工作做出更大的贡献。

2. 教师培训干预方案

本项目团队在参考以往教师培训方案的基础上，将此次教师培训分为两部分。一是入园指导，旨在通过现场考察、教研观摩、座谈交流等形式了解幼儿园现状、儿童教育现状及留守儿童现状，给予园所、教师针对性的指导，改善留守儿童教育环境，此外我们还开展了有关多模态信息技术与留守儿童的专题讲座，以期能够让教师初步了解多模态信息技术，全园形成关爱留守儿童的氛围。二是线上培训，旨在进一步提升教师专业理念与师德、专业知识和专业能力，促进农村教师专业发展，从而提升留守儿童教师教育教学水平。

1）入园指导，现场"把脉"

2018 年 6 月 4 日，本项目团队在九山镇中心幼儿园开展调研指导活动，调研指导围绕"关注农村留守儿童，共享多模态信息技术成果"主题，以看现场、听课堂、座谈交流的形式进行（详见表 6.1，图 6.2）。此次入园指导为期三天，具体安排见表 6.1。

表 6.1　入园指导安排表活动内容

活动时间	活动内容
第一天	观察园区环境、班级环创、留守儿童档案建设、半日常规及活动组织、区域活动并及时提供反馈意见，最后针对幼儿园今后各项工作的开展进行更深入、细致的指导
第二天	上午，参与幼儿园大教研活动，与教师们进行面对面交流，通过座谈会方式了解幼儿园教研活动的开展情况，随后根据幼儿园的课改提出指导性的意见与建议。 下午，聚集留守儿童教师，以座谈会的形式，根据学校的实际情况，分别从德育、学习、行为习惯、安全等方面跟教师进行沟通，传授具体的教育学生的方法
第三天	"幼儿多模态电子绘本阅读行为和理解研究""处境不利儿童教育"讲座及讨论

2）线上培训

线上培训主要采用视频会议的方式进行，本次培训共分为 5 个板块，分别是教育理念培训、教育实践培训、家长工作培训、教师心理健康培训和安全管理培训。为了培训更加深入和具有针对性，我们邀请了教育学专家、心理学专家及名园园长共同对教师进行培训，线上培训安排详见表 6.2。

图 6.2　活动照片

（注：本书所有人物图片均已授权。）

表 6.2　线上培训安排表

培训时间	2018 年 7～8 月
培训对象	九山镇、蒋峪镇 2 个中心幼儿园教师
培训工具	由于培训人数和网络等条件限制，暂时无法完成在线视频教学，可通过第三方平台实现语音教学、同步课件、文字互动、语音等功能。 工具一：荔枝微课平台（微信公众号） 通过扫直播间二维码，关注公众号直接进入直播间，签到后进行语音在线教学。 工具二：钉钉 APP（手机端） 通过下载钉钉 APP，邀请参训人员进入直播群，可实现语音在线教学等功能
指导思想	旨在贯彻落实中共中央、国务院印发的《乡村振兴战略规划（2018—2022 年）》和《国家中长期教育改革和发展规划纲要（2010—2020 年）》中关于优先发展农村教育事业、完善留守儿童服务机制的要求，以科学发展观为指导，以"情系留守儿童，助力农村教师成长"为主题，以拓宽教师视野、提高教师实践能力为根本，促进农村幼儿园师资队伍向师德高尚、业务精湛、结构合理、充满活力的高素质专业化方向发展
培训目标及任务	① 拓宽教师视野，增强教师科学教育理念； ② 促进农村教师专业发展，提高留守儿童教师教育教学水平； ③ 加强教师安全管理意识，提高农村教师心理健康水平

续表

培训内容	1. 教育理念培训 主题一：幼儿教育的核心和精要——幼儿教育最重要的是什么？ 内容摘要：通过培养幼儿的好习惯与自我效能感，探索精神与创造力，主动学习与批判性思维，从发现美、表达美、创造美和国际视野四方面来说明幼儿教育的精髓所在。 主题二：世界幼儿课程教育发展趋势 内容摘要：从学前教育的发展趋势与相关政策、世界幼儿教育理论流派与幼儿教育实践及我国幼儿园课程改革的过去、现在和未来这三个方面对当今学前教育的重要问题进行梳理。 2. 教育实践培训 主题一：走进欧美日的幼儿教育——7国43所幼儿园实地考察的纵览与反思 内容摘要：从认识幼儿、户外环境与教学区域、师幼互动、幼儿艺术作品四个方面对中外幼儿教育进行分析和比较，并通过视频资料分享欧美日等国43所幼儿园的教学、活动、环境创设实例，为幼儿教师提供范例。 主题二：碰撞与反思——基于中西方学前教育课程发展及国外108所婴幼园的实地考察 内容摘要：①从学前教育培养目标入手，表明学前教育担负着为国家培养体、智、德、美、劳全面发展的建设者和接班人的历史重任，幼儿园课程应该立足本土文化，培养具有民族情怀的儿童；②通过绘本、视频、诗歌等多种形式从课程与发展、游戏与教学、引领与追随、环境与挑战、艺术与表达、绘本与英语、教育与质量等方面呈现国内外最新实践和研究。 3. 家长工作培训——家园合作，共同教育 内容摘要：家园合作的内涵和重要性、家园合作的内容、家园合作的原则、家园合作中存在的问题、家园合作的方式、教师与家长的沟通技巧、家园合作典型案例分析。 4. 教师心理健康培训：通往幸福之路——幼儿园教师的心理健康与维护 内容摘要：通过教师心理不健康的案例引出教师心理健康话题，用数据展示我国教师心理健康状况，引领老师自测心理健康，对不同测试结果进行解读，带领教师分析心理不健康的原因，分享压力管理与心理调适的方法。 5. 留守儿童专题培训——增强自我效能感，运用多元表征，释放潜能 内容摘要：深刻剖析留守儿童发展中的问题，重点以绘本互动多元表征为手段，以激发留守儿童潜能为宗旨，通过其对绘本故事中流淌的爱、温暖、自信等的多种表征，树立其表达的欲望和自信心
培训安排	整个培训活动共计7次，每次2小时，每周末开展1次，并对参加者进行考勤记录，未参加者由学校统一通知观看回放视频。每次预留30分钟进行线上答疑和案例分析指导
培训预案	为防止培训时没有了解清楚如何利用终端进入培训平台，研究人员提前制作操作流程文档，通过园长发送到教师群里指导各位教师提前了解并熟悉各培训工具

二、家庭端：家长教养方式干预

根据我们前期的调研发现，留守儿童在自信心、责任心、自控力方面水平显著低于非留守儿童，而父母教养方式是影响儿童自信心、责任心、自控力的主要因素，因此，我们对留守儿童的父母发放了家长教养方式问卷，在此基础上，对留守儿童的父母开展具有针对性的干预措施，以期能够改善留守儿童家长教养方式，从而提升留守儿童的自信心、责任心、自控力。

1. 家庭教养方式的干预研究

韩丹丹[1]对注意缺陷与多动障碍的学龄前儿童进行了感觉统合训练和父母教养方式干预，其中对父母的干预方式主要采用的是团体辅导的形式，每周进行一次，每次 20 分钟，共干预 8 次，每次干预侧重的内容不同：

① 系统讲解学龄前儿童身心发展和认知发展的特点及关键期等问题；

② 继续讲解学龄前儿童身心发展的特点；

③ 学龄前儿童注意力问题的探讨；

④ 学龄前儿童好动问题的探讨；

⑤ 家庭如何塑造人——溺爱与放任、专制与统治；

⑥ 家庭如何塑造人——教养方式不一致对儿童的影响；

⑦ 亲子沟通——非暴力沟通；

⑧ 与儿童一起成长。

郭辉等[2]在《家庭心理干预改善父母教养方式和小学生个性的效果研究》一文中采取封闭式分组心理辅导和集体授课相结合的形式对学生父母进行干预，干预的内容包括：

① 系统介绍 9～12 岁儿童心理特点，讲解儿童身心及智能发展和社会性发展与成长环境、父母教养方式之间的关系；

② 家庭如何塑造人（以萨提亚《新家庭如何塑造人》为蓝本），重点讲解家庭氛围对儿童成长的影响；

③ 亲子沟通，介绍沟通理论和方法，重点讲解倾听和说话的能力与技巧；

④ 压力和情绪管理；

⑤ 结合案例，介绍儿童常见学习问题、情绪问题、行为问题的表现、原因及其对策。

同时运用参与式培训方法，采用启导式讲授、小组讨论、实践作业、亲子互动游戏、角色扮演和情景体验等方式促进自我体验和彼此沟通。每次留 30 分钟进行现场答疑和案例分析指导，对于少数有问题的家庭进行个别辅导。整个活动共计 12 次，每次 2 小时，每月开展 2 次，内容相同，参加者选择参加其中 1 次即可，并对参加者进行考勤记录，未参加者由学校统一通知补课。

张雪芹等[3]采取综合干预的方式对城乡重点中学学生父母教养方式进行了干预，面对家长主要采用的方式有集体家庭心理健康教育和家庭治疗。

集体家庭心理健康教育的内容如下：

① 中学生生理与心理特征及中学生心理卫生；

② 当前中学生存在的主要心理行为问题，产生的原因及调节方法；

③ 父母的教养方式、婚姻关系、言行榜样作用及家庭环境对中学生心理健康的影响；

④ 父母期望的形成、作用和把握；

⑤ 如何对待代际冲突，父母怎样与子女进行交流与沟通；

⑥ 请特优生家长讲述自己对子女教养方式的体会；

⑦ 亲子活动设计，角色扮演；

⑧ 典型家庭个案开放性集体访谈。

每次咨询前由家长自由以书面反馈信息，将教养过程中暴露的问题集中起来作为咨询重点，可集体答疑，也可小组讨论。咨询过程要求家长和学生一同参加，每学期进行三次，开学第二周、期中、期末考试后各一次，每次大约3小时。

家庭治疗：在个体咨询和家庭咨询中发现学生的问题受家庭关系影响较多，邀请家长到心理咨询中心或学校的咨询室进行家庭治疗。理论取向以系统式家庭治疗为主，整合认知行为技术，针对家庭不良的互动模式和各自对问题的解释进行干预。

综合上述研究我们可以发现，不同学者根据不同研究对象和研究目的开展的家庭教养方式干预措施有所不同，但也存在相通之处。首先，在干预方法上，大多学者采用的是"集体＋个别"的形式。其次，在干预内容上，干预均会涉及：①该年龄阶段儿童的特点；②该年龄阶段儿童常见的问题；③不同的家庭教养方式对儿童的影响；④亲子沟通的技巧。

因此，本研究的家庭教养方式干预模式也主要采用"集体＋个别"的形式，内容涵盖以上四方面。

2. 有关留守儿童家庭教育的社会活动

近年来，各地政府都在大力宣传关爱留守儿童，并组织了一系列关爱活动，如建立留守儿童之家、视频聊天室等。此外，还有不少公益组织也策划和实施了多种类型，针对性不同的留守儿童公益项目，其中不乏有关留守儿童家庭教育的项目，如浙江省妇女基金会开展了"亲情家书传真情"活动，以"家书"的形式鼓励留守儿童与家长之间互通书信，从而缓解亲子沟通障碍；广州市映诺社区发展机构成立了父母俱乐部，聘请专家开展亲子沟通主题培训，还开展了嘉年华，组织父母到留守儿童学校与儿童游园，此外还创办了"美丽的大脚丫子"亲子沟通工作坊，组织留守儿童到父母所在的城市与父母一起参加亲子沟通工作坊……其中深圳市幸福家家庭研究院于2014年开展了幸福家庭种子师资培养计划，该计划免费培训选拔家庭教育公益讲师，这些讲师必须通过服务留守儿童的家长来置换学习的时间，讲师向家长讲授的内容主要涵盖亲子沟通、亲子关系的改善、家庭教育三方面。上述活动为本研究的干预活动提供了借鉴之处，基于此，本研究也通过教师培训的形式让教师掌握一定亲子沟通、家庭教育方面的科学理念、知识和技能，让教师在日常生活中将这些理念、知识和技能传授给儿童家长，并要求教师定期入户指导留守儿童家长开展合理的家庭教育。

3. 家庭教养方式问卷分析

为了更加有针对性地对留守儿童父母进行家庭教养方式的干预，我们在干预前向所有父母发放了纸质版家庭教养方式问卷，问卷采用的是 Robinson 等编写的家庭教养方式问卷（The Parenting Styles and Dimensions Questionnaire，PSDQ），该问卷分为权威型、专制型和宽容型，父母用李克特五点量表（1＝从不；5＝总是）来作答。此外，我们还根据 Chao 等的量表增加了教训型维度，问卷经前人验证信效度均良好。根据分析，留守儿童父母中，权威型父母最多，其次是教训型、专制型、溺爱型父母。权威型被公认为是最理想和恰当的教养方式，因此留守儿童父母家庭教养方式总体情况良好，但在具体题项中，某些题目分值偏高，能反映出家长在教养孩子过程中的一些问题，如"当孩子行为不当时，我冲孩子大喊大叫""当孩子不听话时，我会抓住他/她"，这两题分值偏高表明家长面对孩子不良行为时存在情绪控制不当问题，由此我们在留守儿童家庭教养方式的干预内容中，增加了"情绪管理"一项。

4. 家庭教养方式干预方案

本研究的家庭教养方式干预模式主要采用"直接＋间接""集体＋个别"的模式，具体如图 6.3 所示。

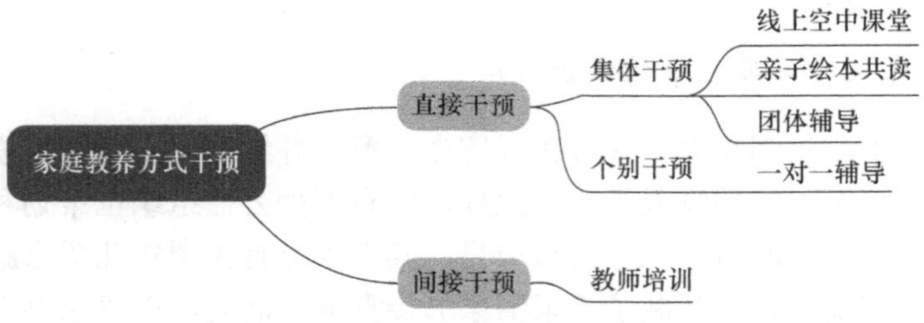

图 6.3　家庭教养方式干预图

1）线上空中课堂

线上空中课堂主要采用视频会议的方式进行，共安排了了解孩子、亲子沟通、家庭教育三大体系七次课程，以帮助留守儿童父母习得育儿知识，改善家庭教养方式，促进亲子间有效交流，在有趣、丰富的课程中学习亲子相处之道，为家庭和谐生活保驾护航。课程方案表详见表 6.3。

表 6.3　课程方案表

课程时间	2019 年 4～5 月
参与人员	九山镇、蒋峪镇 2 个中心幼儿园 246 名留守儿童父母
参与方式	腾讯会议
课程内容	① 学龄前儿童身心发展特点及留守儿童身心发展特点； ② 学龄前儿童常见的问题及应对方式； ③ 留守儿童常见的问题及应对方式； ④ 家庭如何塑造人——不同类型的家庭教养方式对儿童的影响； ⑤ 爱的语言——亲子沟通的技巧； ⑥ 爱的桥梁：亲子共读——亲子共读常见问题、儿童阅读的规律、亲子阅读技巧； ⑦ 做情绪的主人——家长如何调节情绪
课程安排	整个活动共计 7 次，每次 2 小时，每 2 周开展 1 次，并对参加者进行考勤记录，未参加者由学校统一通知观看回放视频。每次留 30 分钟进行线上答疑和案例分析指导

2）亲子绘本共读

亲情的缺失和优质教育资源的不足是留守儿童教育过程中面临的两大问题。本研究将多模态信息技术与教育应用融合起来，运用纸质绘本及多模态电子交互式绘本搭建起家长与留守儿童联结的桥梁。多模态电子交互式绘本是基于维果斯基社会文化理论和多模态文本理论而诞生的一种运用于儿童绘本领域的教学辅助工具，它以计算机、智能手机、平板电脑、交互式电子白板等数字媒体为媒介，能让儿童边看图，边点读、跟读、听读文本。它不仅仅局限于文字和插图，还能让儿童与电子绘本进行互动，将儿童的视觉、听觉、触觉相结合。国外已有许多实证研究表明该类绘本在同伴阅读方面、儿童阅读模式方面、阅读理解及词汇语句掌握方面有一定积极影响。纸质绘本的优势在于儿童在阅读时能与绘本本身的图片、文字、情节、页面、排版等有更多的互动，其不足在于儿童在阅读纸质绘本时要更多依赖成人的引导和帮助。考虑到纸质绘本及多模态电子交互式绘本各有优势，一方面，我们为留守儿童选择了一些优质、适宜的纸质绘本和电子交互式绘本（涵盖培养儿童自信心、责任心、自控力等方面的绘本），充分发挥各类绘本的优势，促进儿童更好地理解绘本，从而提升儿童自信心、责任心、自控力等社会性技能；另一方面也借鉴了电子绘本的有声优势，为留守儿童的父母提供了亲子共读方面的培训，期望父母能够为儿童进行有质量的绘本讲述，在讲故事的过程中培养儿童的阅读能力，增进留守儿童亲子感情。

本次亲子"悦读"活动分为三个阶段。

① 课程干预前：每月定期向九山镇、蒋峪镇 2 个中心幼儿园寄送纸质绘本，绘本发放到留守儿童所在班级，由儿童自行挑选感兴趣的绘本带回家与父母或其他监护人共读。

② 课程干预期间：向每位干预组儿童发放每日课程的多模态电子交互式绘本，由儿童带回家与父母共读。

③ 课程干预后：每周向干预组儿童父母发放一本多模态电子交互式绘本，供父母与孩子共读。

部分书目清单详见表 6.4。

表 6.4　部分书目清单

侧重点	书目
自我认识	《小黑鱼》《自己的颜色》《玛修的梦》《鱼就是鱼》《我喜欢我自己》《好饿好饿的毛毛虫》《你从哪颗星星来》
社会交往	《我不敢说，我怕被骂》《糟糕，身上长条纹了》《11 只猫做苦工》《我大喊大叫的一天》《小老鼠和大老虎》《留下一点冬天》
情绪情感	《生气的亚瑟》《菲菲生气了》《生气汤》《小琼斯家的家被风吹跑了》
自信心	《小绿狼》《逃家小兔》《爷爷一定有办法》《小羊罗素找宝藏》《温妮的魔法棒》

3）团体辅导

课程干预前，我们已与所有干预组儿童的家长取得联系并建立微信群聊，以语音、图片、文字、视频等形式对家长进行团体辅导。团体辅导的主要目的是解决家长的困惑，缓解家长的心理压力，让家长能与儿童更好地相处，建立和谐的家庭氛围。每周，项目组成员都会在群内发布科学育儿、家庭教育及与留守儿童相关的信息并给予家长指导。此外，项目组成员还会定期通过群视频、电话等形式与留守儿童父母进行交流。平时，家长们也会在群内分享孩子近况、家庭故事等，当家长们遇到教育上的问题和困难时，群内的专家会给予解答，群内的其他家长也会提供自己的经验和方案，整个团体形成团结友爱、互帮互助的氛围。

4）一对一辅导

一对一辅导主要针对的是家庭教养方式存在问题较多和教育上困惑较多的家长，根据家长的需求及现状，量身定制干预方案，定期为家长排难解忧。辅导主要通过电话、微信、QQ 聊天、视频等线上形式开展。针对发展迟缓的 10 位留守儿童的具体情况，我们线下约谈了他们的父母或主要教养者，初步达成思想认识的共识，下一步工作中需要家长配合、支持及需要了解为儿童教养一起发力的重点等，如依据调研对父母婚姻质量引发的儿童行为问题进行了重点干预。

5）教师培训

在留守儿童教师集中培训期间，我们会向教师传授家庭教养方式及隔代抚养的相关知识和经验，并对教师作出一定的要求，如让教师在日常生活中通过在班级门口张贴育儿小贴士、微信聊天、家长会等形式将这些理念、知识和技能传授给儿童家长，以及每月定期入户指导留守儿童家长开展合理的家庭教育。

第二节　集中式干预

本研究采取随机整群抽样的方法，对山东省潍坊市临朐县九山镇和蒋峪镇 2 个中心幼儿园 8 个小班父母双方或单方外出务工时间 6 个月以上的 246 名留守儿童语言和社会性技能发展状况进行了评估和考察，前期调研结果显示，留守与非留守儿童在语言发展总体状况上无差异。但是，在社会性技能（家长版）总得分上，留守和非留守儿童接近显著性差异，在自信、责任、自控 3 个维度上，呈现显著差异。说明，非留守儿童在自信心、责任、自控三个方面比留守儿童发展得好（调研报告详见第五章）。因此，本研究以调查分析的结果为依据，针对留守儿童自信心、责任心、自控力不足的状况，制订具体可操作的集中干预计划。

一、关于儿童自信心、责任心、自控力的培养研究

1. 关于儿童自信心的培养研究

许多学者从经验角度提出了一些有关儿童自信心的提升策略，可初步归纳为以下几点。①为儿童营造自信氛围，让儿童多做决定是建立儿童自信心的前提。②儿童获得成功体验是提高其自信心的条件。③正确的儿童观、教育观是培养儿童自信心的关键。④肯定、鼓励、尊重、关爱和积极的评价是提升儿童自信心的催化剂。⑤游戏、学习和劳动及锻炼儿童的意志力是促进儿童自信心发展的必要条件。⑥提高儿童的耐挫力并教会儿童补偿的方法是提升儿童自信的重要途径。

此外，还有不少学者开展了关于儿童自信心培养的实证研究。杨丽珠和王娥蕊[4]采用多种研究方法，在自编教师评定问卷的基础上，设计了旨在培养儿童自信心的教育干预实验。结果表明：成功体验的获得是促进儿童自信心发展的重要途径；游戏、学习和劳动是培养儿童自信心的 3 种有效活动。王娥蕊[5]通过对教师开放式问卷的编码分析，从质的角度，在理论层面上探讨了 3～9 岁儿童自信心结构的构成，最终确定了 3～9 岁儿童自信心包括自我效能感、自我表现和成就感 3 个维度，她依据这 3 个维度设计了相应的主题教育活动，通过游戏、学习、劳动等活动领域，对小、中、大班儿童进行自信心促进的教育现场实验研究，研究结果表明，幼儿期是自信心培养的重要时期，依据自信心结构，从自我效能感、成就感和自我表现 3 个方面，在幼儿园实施"儿童自信心培养"的系列主题教育活动方案，能有效地促进儿童自信心的发展。李东宇[6]认为戏剧基础练习能让儿童在虚拟过程中体验、感受和表达自己的情感与内心世界。如果在戏剧基础的练习过程中，老师能够鼓励儿童、关注儿童内心世界的变化，解放儿童与生俱来的天性，发现儿童的点滴进步和成功，并给予儿童适当的赞赏，儿童就能积累积极的情感体验，从而提升自信心。基于此，他对 3～5 岁儿童开展了戏剧基础练习，

最终研究结果表明通过此次练习，大部分儿童自信心有所提升，尤其是在沟通交流与舞台展现等方面。

总而言之，后天的教育对于培养儿童自信心至关重要。这要求家庭、社会、学校三位一体形成教育合力，多渠道地开展教育训练，才能切实提高儿童的自信心水平。

2. 关于儿童责任心的培养研究

不少研究者对不同年龄阶段的儿童责任心培养开展了实证研究，研究者发现开展值日生活动、暗岗、"小主人"活动、看录像和班会等方式能提高儿童道德责任心。杨丽珠和金芳[7]的研究发现从儿童责任心结构入手，以责任认知、责任情感和责任行为为角度设计的教育活动能有效地促进3～6岁儿童责任心的发展。此外绘本故事阅读、角色扮演活动都已被证实是影响儿童责任心发展的重要途径。也有研究发现亲子活动可以有效地促进儿童责任心发展。家长及幼儿园在进行儿童责任心培养时，应注重创建和谐的家庭氛围，开展亲子活动时应注重交流和延伸，家园共育，促进亲子活动的教育功效最大化。还有研究者发现，让儿童承担一定的责任、以大带小能促进儿童责任心发展。为培养儿童的责任心，有的研究者对儿童采取了系列措施，如胡中天[8]对5～6岁儿童责任心的培养采取的措施分为四个阶段：①开展丰富多彩的活动让儿童观察社会角色行为并模仿角色行为；②创设情境，移情训练；③开展有关的社会活动，实操练习；④责任感迁移。王健敏[9]对小学三年级和五年级的儿童责任心培养采取的措施依次是①严格奖惩制度；②建立群体压力；③榜样强化；④观察学习；⑤思辨学习；⑥活动实践；⑦移情训练；⑧自省自检。有研究者根据儿童身心发展的水平和特点，对不同年龄阶段的孩子提出了不同的教育措施，如面对3～4岁的儿童，应当鼓励他们自身成为问题的解决者，对儿童负责任的行为进行表扬；面对5～6岁的儿童，应当为他们布置工作任务，让他们在错误中学习，运用文学和故事等方式来教会儿童学会负责。有的研究者则对家长、教师分别提出了要求。如教师应当对学生有合理的期望，为学生定期设置一些行为和成就发展目标，让学生成为问题的解决者；为学生提供选择，寻求其他人的帮助，动员大家一起为儿童责任心的发展而努力。

综上所述，为儿童提供合适的任务，榜样示范，对儿童进行移情训练，以绘本、故事、游戏、表演等方式开展的具有针对性的教学活动均能提升儿童责任心。

3. 关于儿童自制力的培养研究

学者们普遍认为通过教育的方式可以提高儿童的自我控制能力。杨丽珠等[10]认为通过角色扮演可以引导儿童认识角色，遵守角色的规则，从而提升儿童的自制力。许卓娅[11]认为树立一定的规则可以提高儿童自制力。此外还有学者认为儿童自制力的形成与教师言语指导及态度密切相关。江景雅[12]采用了杨丽珠等对自控维度的划分（自制力、自觉性、坚持性、自我延迟满足），以及借鉴前人对自控的分类研究，并结合自我控制的发生机制（规则内化和技能获得）设计一套促进儿童自控发展的运动"处方"游戏对中班儿童进行干预，干预结果表明该方案能够提升中班儿童自我控制水平，并且技能策略的使用能有效帮助儿童增强自控能力，此外，成人的言语指导能够影响儿童的自我控制。图画书由于其贴近儿童生活，契合儿童情感，具有很高的教育价值。叶小红[13]的研究发现抑制性控制能力是儿童自控能力发展的前提条件，在教育中教师要依据儿童抑制性能力发展状况和个体差异，有针对性地提出合理的教育目标和要求；学龄前儿童自控能力的发展不稳定，还不具有跨情境的稳定性，因此幼儿园的环境应具有足够的有序性和一致性；综合干预法能有效提高缺乏自控能力儿童的课堂行为自控能力，因此对于缺乏自我控制能力的培养和教育干预应发挥各种教育合力。

综上所述，培养儿童自制力，首先要注重幼儿园的常规教育，培养儿童规则意识；其次要为儿童创设有秩序的环境，并且教师要注重自身的言语指导和态度，注重儿童个体差异；最后教师要重视游戏、图画书的价值，积极开展家园合作，利用多种方式提升儿童自制力。

二、集中式干预方案

集中式干预以留守儿童课程干预为中心（包含家长工作），辅以相关教师培训，在学校、家庭两端形成教育合力。

1. 儿童端：课程干预

留守儿童的课程干预以前期追踪的 18 名留守儿童为对象，采用多模态电子交互式绘本、游戏、绘画、情景剧、角色扮演、讲故事、头脑风暴、讨论等多种干预方法。基于自信心、自控力、责任心的各个维度（见表 6.5），集中课程干预定为 3 个主题 13 个课程，每个课程由多位专家和幼儿园教师经过多轮修改共同完成。干预前一周，项目组负责人对参与成员进行为期一周的培训，确保每位参与人员各司其职。此外，项目组成员会提前通过幼儿园联系人与留守儿童家长、教师取得联系并发放《知情同意书》，安排好课程干预的场地。本研究贯彻参与性的理念，运用参与性的方法实施干预活动，由项目组成员为干预儿童进行为期 13 天的集中课程干预。在干预过程中，其他成员负责观察儿童行为，做好观察记录（各种观察记录表详见附录），并及时收集留守儿童及其父母的反馈意见。干预结束后对儿童进行阶段性评估，并对方案进行调整。集中课程干预期间，幼儿园教师作为旁观者进行观摩学习，此后，幼儿园教师在日常活动中，以研究者干预活动为参照，进行每周 3 次，每次 20～25 分钟的相关主题活动干预，活动方案由项目组提供，整个课程干预为期一年。

表 6.5　自信心、自控力、责任心各维度参考表

干预内容	具体含义
自信心 （觉得自己能行，并且愿意去尝试和表现，在尝试表现中获得成就感）	自我效能感（自我效能感是指儿童在客观的自我认识基础上，对自己是否能够完成一件事情的判断）
	自我表现（儿童在个人行为、能力、智慧和想法等方面的自我表露情况）
	成就体验（是在儿童通过自己的努力达成一定的目的后，产生的一种积极的感受）
自控力 （对自身心理与行为的主动掌握，个体自觉地选择目标，在无外界监督的情况下，抑制冲动、抵制诱惑、延迟满足，控制自己的行为，从而保证目标实现）	自制力（抑制直接的、短期的欲望）
	坚持性（困难情境中坚持不懈）
	自我延迟满足（为长远目标放弃及时满足）
	自觉性（无人监管情况下自我约束）
责任心 （对自身的社会角色及角色所应承担的责任的认知、产生的情感体验和做出的相应行为）	自我责任心（能做到自己的事情自己做）
	任务责任心（能够克服困难，完成他人交给的任务）
	他人责任心（能够主动关心帮助他人）
	集体责任心（学会在集体中与他人合作）
	过失责任心（知道犯了错误应主动承担，并对自己的过失负责）
	承诺责任心（能学会答应别人的事情一定要做到）

1）集中课程干预方案

集中课程干预方案见表 6.6。

表 6.6　集中课程干预方案

干预时间	2019 年 8 月 10～26 日
干预地点	蒋峪镇中心幼儿园
干预人员	项目组全体成员
干预对象	蒋峪镇中心幼儿园中班 18 名留守儿童，其中男 15 名，女 3 名，年龄均在 6 周岁，父外出 14 名，双亲外出 4 名
干预内容	自信心、责任心、自控力

续表

干预安排	一、13 天活动内容分配：第 1～第 3 天自信心；第 4～第 7 天自控力；第 8～第 13 天责任心。
	二、每日活动内容：
	1．一个游戏（30 分钟）：
	帮助儿童在游戏情景中锻炼自信心、自控力与责任心，初步感知其重要性。教师也可在游戏过程中观察儿童当天关注能力的发展情况。
	2．一本共读绘本（30 分钟）：
	通过关键性提问引导儿童进一步理解当日教学目标。
	3．与绘本相关的小组教学活动（35～40 分钟操作＋10～15 分钟小结）：
	儿童可根据兴趣和需要自由选择想参与的小组活动，也可在专注完成一项活动后参与另一项活动。小组教学活动后需安排 10～15 分钟的时间做活动小结。除帮助儿童巩固刚获得的经验，便于教师观察儿童能力发展情况外，也可对儿童进行个别化指导。
	4．家长工作（微信群＋家长教育干预）：
	帮助家长了解儿童在园的学习内容，同时帮助儿童巩固在园学到的知识和经验。结合当日教学目标和儿童表现，提供给家长有针对性的指导和建议。
	三、半日活动流程安排：
	2:00～2:30 起床／点心
	2:30～3:00 游戏
	3:00～3:10 盥洗／喝水
	3:10～3:40 共读绘本
	3:40～4:30 绘本延伸小组教学活动＋活动小结
	4:30～4:45 发绘本　登记
	4:45～5:00 放学准备
	5:00 家长工作（面谈＋家长教育干预）

2）集中课程干预教案

此处选取培养儿童自信心、自控力、责任心教案各一篇（见表 6.7～表 6.9）。

表 6.7　自信心干预方案

第 1～第 3 天	自信心——成就体验（在通过自己的努力达成一定目标后，产生的一种积极的感受）
游戏	［游戏名称］海底知识大竞赛 ［游戏准备］课前提前将凳子分成 6 组，3 张凳子并在一起为一组。 ［游戏内容］ 1．入座："欢迎小朋友们，请随便找一个座位就座。" 2．教师介绍："大家好！我是……老师，接下来的 13 天里会和你们一起玩许多好玩的游戏，听许多有趣的故事！"

游戏	3．活动介绍： 师："就像你们所发现的那样，今天教室里的凳子三个一组，和平时不太一样。没错，欢迎大家来到海底知识大竞赛！三个坐在一起的小朋友为一组，你们需要合作答题，最后哪组答对的题数最多，哪组获胜！" 师："先讨论一下小组的名字吧！" 4．海底知识竞赛题： • 海洋中最大的动物是什么？（蓝鲸） • 海里有火山吗？（有，且数量庞大，是很多海洋生物赖以生存的靠山） • 章鱼能模拟身边的环境改变自己身体的颜色吗？（能，章鱼是一种非常聪明的动物） • 章鱼有几只触手？（8只） • 鸟类中游泳最厉害的是什么动物？（企鹅，它们的翅膀已经进化成了鱼鳍的样子，更方便它们在水中活动） • 海洋中最聪明的动物是什么？（海豚） • 海豹的四肢均有几个脚趾？3个？4个？5个？（5个） 5．宣布获胜小组，分享获胜感言： 师："恭喜……小组！派代表分享一下你们的获胜感言吧。你们现在的心情是怎样的？"
共读绘本	《小黑鱼》 ［材料准备］PPT、音乐 1．谈话导入： 师："如果你是一条小鱼，生活在湛蓝的大海里，会看到什么？" 师："大海真是一个奇妙的世界！今天，我们就一起去看看一个发生在大海里的故事。让我们一起走进绘本《小黑鱼》，作者李欧·李尼奥。" 2．认知作者，讨论画法： 画外音："我叫李欧·李尼奥，我出生在荷兰，爸爸是犹太商人，妈妈是荷兰的歌唱家。舅舅是收藏家。我家附近有很多博物馆、美术馆，我常常去那里参观。我特别喜欢画画，后来，我来到美国、意大利，创作了很多的绘本。你们发现《小黑鱼》这本书的绘画有什么特别之处吗？" 3．精读绘本： 3.1　感受小黑鱼的快乐： 师："故事开始了，在大海的一个角落里，住着一群快乐的小鱼。它们绝大部分是红色的。只有一条是黑色的。它黑得像淡菜壳。""它比它的兄弟姐妹游得快。" • 谁最特别？小黑鱼和这么多小鱼在一起，它的心情怎么样？ • 引导幼儿发挥想象力，模拟小鱼游的样子，体会这时小黑鱼的无忧无虑。 3.2　音乐体验小黑鱼的孤独心境： 师："这是一个可怕的日子，从海浪里突然冲出一条又快、又凶、又饿的金枪鱼。他一口就把所有的小红鱼都吞到肚子里，只有小黑鱼逃走了。它逃到了大海深处。"

续表

共读绘本	• （音乐衬托）小黑鱼现在的心情是怎样的？（害怕、孤独、恐慌、伤心） 师："是的，小黑鱼逃到了大海的深处，既害怕，又孤独，伤心极了。" 3.3　小黑鱼心情的转变： 师："大海里到处是各种各样的奇妙生命。小黑鱼游呀游，碰见一个又一个奇迹。于是，它又高兴起来。它看到了，水母像彩虹果冻……" • 小黑鱼现在的心情是怎样的？它怎么又高兴起来了？（大海还有许多朋友，小黑鱼不再觉得孤单了；小黑鱼很勇敢，虽然害怕，但还继续前进。） • 猜一猜，小黑鱼还会遇到谁？（引导幼儿发挥想象） 师："让我们一起看一看，小黑鱼还遇到了……" 3.4　思考吓跑大鱼的好办法： • 如果你是小黑鱼，你会想出一个什么好办法，把大鱼吓走？（如果我是小黑鱼，我会……） 师："小黑鱼和我们一样勤于思考，来看看它的好主意吧！" • 小黑鱼一开始看到大鱼吃小鱼的时候，也是害怕的，后来它是怎么面对这个困难的？

小组教学活动	一、图书馆（纸质书&电子书）：《小绿狼》《小黑鱼》《玛修的梦》《爷爷一定有办法》《小羊罗素找宝藏》	
	二、绘本创作区： • "你最喜欢绘本中的哪一个场景，可以画出来，也可以用剪贴的方式，做一张绘本海报。" • 活动小结时可在集体面前分享作品	材料：记号笔、彩笔、白纸、剪刀、胶带、订书机等材料
	三、戏剧表演区： • "我们来分角色表演这本绘本吧。" • 延伸——"如果你是小黑鱼，你还有什么好办法吗？你愿意将它表演出来吗？" • 活动小结时可在集体面前分享	材料：卡纸、记号笔、剪刀、胶水等制作道具所需的材料

家长工作	微信群： • 分享儿童的作品照片和表演视频（若有）； • 分享下午儿童在幼儿园的活动照片，简要介绍教学目标； • 发送《小黑鱼》电子绘本，请家长晚上和儿童共同阅读绘本，请儿童说一说绘本中的故事。请家长简要记录和儿童讨论的内容，分享至微信群。

家长工作	• 每日分享：为儿童的探索提供机会，儿童需要在不断的尝试和探索中才能够积累经验，若是在探索时失败了，也需要及时鼓励和支持，而不是视而不见或变本加厉地批评；若是在探索中成功了，则要给予具体形象的表扬，而不是一笔带过随意为之。
家长教育干预	家长面谈： • 对使用轶事记录观察的两名儿童重点进行家长面谈，分享儿童表现，提供有针对性的指导和建议； • 鼓励自信心较弱的儿童，相信自己有能力做得更好，提高他们在集体中的地位，改善他们与同伴的关系。

表 6.8 自控力干预方案

第 4～第 7 天	自控力——自制力（抑制直接的、短期的欲望）
共读绘本	《生气王子》 ［材料准备］PPT 1. 导入： 1.1 师："你们玩过木头人的游戏吗？我们一起喊口令'1 2 3，木头人，不许说话不许动！'" 1.2 师："现在，难度提升！让我们一起从 1 数到 30。如果数到的这个数字里含有 2，不论是个位数还是十位数，都需要变成'木头人'！" 1.3 师："那孩子们，在你们生气的时候，是否也会给自己一点停下来冷静的时间呢？今天让我们一起来听一个《生气王子》的故事，作者赖马。" 2. 通读绘本。 （因绘本较长，建议直接阅读绘本内容，无须停顿。直到读到倒数第二页"国王说：'好呀！我们下星期六带王后一起来'。） 3. 关键性提问： 3.1 识别情绪："生气王子生气时，他都会做哪些动作？""（瞪眼、耳朵盖住眼睛、涨红脸、鼻子会打结、大吼大叫。） 3.2 总结生气情绪带来的后果："他们第一次进入到游乐园玩了吗？为什么呢？"（不能进入了，因为他们早上生气吵架耽误了太多时间。） 3.3 了解缓解生气的好办法："老鼠爷爷告诉了他们一个什么平静心情的好办法？"（《不生气魔法歌》。生气真的很累人，发了脾气以后心情也不好。） 4. 绘本续编： （绘本后几页） 又到了星期六。 "王后，起床啦！" "不要吵我，我还要睡觉！" 原来，王后也爱生气呀！ "怎么办？" 4.1 师："怎么办？孩子们。"（邀请孩子自由作答） 4.2 继续阅读绘本内容。

续表

小组教学活动	一、学唱"不生气魔法歌"活动： • "我们一起来学一学《不生气魔法歌》吧！"	材料：钢琴/电子琴；打印的乐谱
	二、"平静魔法"活动： • "你们生气后会使用什么好办法让自己平静下来呢？请把它画下来吧！" （邀请幼儿思考生气后的"平静魔法"，并用绘画的形式表现出来，张贴在平静墙上。）	材料：白纸、记号笔、彩笔等材料
家长干预	一、协调比冲突更能让事情达到圆满。 • 引导儿童学会和自己的各种情绪相处，这才是最好的处理情绪的方式。 • 情绪是会相互传染的，自己开心，周围的人也能开心。 二、以身作则、言大于行。 • "模仿"对于情绪处理和人际沟通等行为习惯的影响尤其深远。"我们是什么样的人"对儿童成为什么样的人是至关重要的。 三、生气情绪的背后，都有一个未被满足的愿望，或被阻挠而无法达成的目的。 • 在儿童生气时，多倾听、多思考他们真正想要表达的是什么，我们如何才能帮助他们，而不是跟他们"对抗"，引发权力之争或报复。 四、引导儿童正确表达负面情绪。 • 父母需先"积极地暂停"一下，调整好自己的情绪，才能更好地扮演带领者的角色，引导儿童学习如何面对负面情绪，协调双方的需求，以期达到双赢的结果	

表 6.9 责任心干预方案

第 8～第 13 天	责任心——集体责任心（学会在集体中与他人合作）
共读绘本	《南瓜汤》 [材料准备] PPT、路障若干、三个眼罩/手帕/布条 1. 导入："盲人过路障"游戏 师："今天先邀请大家来玩一个'盲人过路障'的游戏。一次会邀请两个小朋友参加，其中一个小朋友需要戴上眼罩扮演'盲人'，另一个小朋友帮助'盲人'以 S 形的路线绕过所有的路障。共邀请三组小朋友，比一比哪一组能最快到达终点。" 师："请获胜小组来分享一下你们的获胜心得吧。你们觉得是什么帮助你们获得了胜利？" 2. 阅读绘本： 师："今天故事屋带来的是《南瓜汤》，作者海伦·库伯。" 2.1 总结合作带来的益处： （有感情地朗读绘本，直至"……然后一起跳上床，钻进被子里。"） 师："为什么说'它们煮出来的汤是世界上最好喝的汤'？"（分工合作。） 2.2 总结猫和松鼠的情绪变化： （有感情地朗读绘本，直至"它们还是决定一起做一些南瓜汤！"） 师："当鸭子说'今天轮到我来搅汤'，松鼠和猫是怎样的反应？"（不情愿、生气，产生了争执和吵闹。） 师："可后来为什么松鼠说'我们应该让鸭子来搅汤的'呢？"（后悔了，想念朋友。） 师："当它们看见小屋里亮着灯，发现鸭子回家时，又是怎样的反应呢？"（惊喜、高兴，一边尖叫一边冲进门。）

共读绘本	2.3 反思这一次合作和之前合作的不同之处: (有感情地朗读绘本,直至"古老的小白屋里又恢复了平静和谐"。) 师:"它们又煮出世界上最好喝的汤了吗?" 师:"这一次的合作和原先有哪些不一样吗?"(不完全按照预先分工开展合作,在合作过程中彼此包容、彼此帮助。) 2.4 思考更合适的沟通方式: 师:"如果你是小鸭子,你想搅汤,你会怎么和小松鼠说?"	
小组教学活动	一、"我是合作小能手"绘画活动: "你和好朋友之间产生过冲突吗?善于合作的你又是怎样解决的呢?请你将它画下来吧!"	材料:卡纸、记号笔、彩笔等材料
	二、绘本创编活动: 教师继续阅读绘本:"古老的小白屋又恢复了平静和谐,直到鸭子说……'我现在想要吹风笛。'孩子们,你们觉得接下来究竟发生了什么故事?把你的想法画下来吧。"	材料:白纸、彩笔等绘画材料
家长干预	一、 爱不是规定,而是尊重。 • 冲突是无法避免且普遍寻常的,化解冲突的秘诀就是相互尊重、理解和包容。 二、 用爱来包容和支持孩子去尝试和学习他未曾经历过的事情。 • 当孩子想像故事中的鸭子那样尝试"搅汤"时,如果家长也可以给予孩子更多的包容和支持,孩子也一样能做出"全世界最好喝的汤"。	

2. 教师端:教师培训

此次培训主要针对的是相关教师,即与留守儿童课程干预相关的教师。活动以线下培训班的方式开展,培训内容分为理念和实操两部分。培训的主要目的是让教师对整个课程干预项目安排有一定了解,对留守儿童有正确的认识,掌握培养儿童自信心、责任心、自控力的相关知识和教学技巧,掌握多模态教学资源的具体运用方法,掌握改善留守儿童家庭教养方式的技巧等,具体安排见表6.10。

表 6.10 教师培训安排表

培训时间	培训内容	培训目的
第一天上午	项目简介	让教师对整个课程干预项目安排有一定了解并知道自己具体的工作
第一天下午	《留守儿童不是问题儿童》《留守儿童教育现状及对策研究》主题报告	让教师对留守儿童有更全面、深入、科学的认识
第二天上午	如何更有效地开展绘本教学活动;多模态电子交互式绘本简介	让教师掌握绘本教学技巧及多模态教学资源的具体运用方法
第二天下午	家庭教养方式对留守儿童的影响及如何与留守儿童家长更好地开展家园合作;隔代抚养对留守儿童的影响及教师对策	以教师为中介向留守儿童家长传授科学的育儿理念

续表

培训时间	培训内容	培训目的
第三天上午	儿童自信心、责任心、自制力的培养	让教师在日常生活中注意运用多种策略提高留守儿童自信心、责任心、自制力
第三天下午	研讨	教师对本项目存疑之处等方面进行答疑解惑，鼓励教师分享教学经验、对本项目提供宝贵意见或建议

参 考 文 献

[1] 韩丹丹. 感觉统合训练与父母教养方式干预对 ADHD 倾向的学龄前儿童的影响 [D]. 太原：山西医科大学，2018.

[2] 郭辉，丁万涛，马晓韵，等. 家庭心理干预改善父母教养方式和小学生个性的效果研究 [J]. 中国学校卫生，2008（12）：1109-1110.

[3] 张雪芹，李瑞芹，王莉，等. 综合干预对城乡重点中学学生父母教养方式的影响 [J]. 中国心理卫生杂志，2007（4）：280-283.

[4] 杨丽珠，王娥蕊. 大班幼儿自信心培养的实验研究 [J]. 学前教育研究，2005（4）：40-42.

[5] 王娥蕊. 3~9 岁儿童自信心结构、发展特点及教育促进的研究 [D]. 大连：辽宁师范大学，2006.

[6] 李东宇. 运用戏剧基础练习提升 3-5 岁儿童自信心的实践研究 [D]. 成都：四川师范大学，2014.

[7] 杨丽珠，金芳. 促进幼儿责任心发展的教育现场实验研究 [J]. 学前教育研究，2005（6）：22-24.

[8] 胡中天. 5 至 6 岁幼儿责任感培养的教育实验 [J]. 学前教育研究，1995（5）：2.

[9] 王健敏. 儿童社会性三维结构形成实验研究报告 [J]. 心理发展与教育，1996（2）：12-18.

[10] 但菲，杨丽珠，冯璐. 在游戏中培养幼儿自我控制能力的实验研究 [J]. 学前教育研究，2005（11）：15-17.

[11] 许卓娅. 近 40 年来幼儿园音乐教学目标撰写研究的进展轨迹（五）："自我管理""主、辅配伍"渐进式"阶梯"目标撰写 [J]. 今日教育：幼教金刊，2020（6）：4-7.

[12] 江景雅. 提升中班幼儿自我控制能力的运动"处方"游戏研究 [D]. 上海：上海师范大学，2024.

[13] 叶小红. 幼儿自控能力发展与培养的研究 [D]. 上海：华东师范大学，2024.

附录　各项观察记录表

观察记录表填写指引

一、频次记录表：每天记录，可由专人负责，在游戏和集体绘本共读环节进行记录。

二、轶事记录观察表：对儿童自信心、自控力、责任心相关行为表现的观察均可采用该表记录，也可由另一位老师专人负责填写。在游戏和集体绘本共读环节进行记录。以下情况可采用轶事记录。

* 13 天教学重点的分配：第 1～第 3 天自信心；第 4～第 7 天自控力；第 8～第 13 天责任心。每天必须有一份与该教学重点相关的轶事记录，另一份可任选维度开展观察记录。

* 个别儿童特别突出的行为表现。

* 个别儿童在自信心、自控力或责任心方面表现出一些问题行为，需重点、持续关注的，可做个案跟踪观察记录（若有）。

* 若无特殊需要关注的儿童，则争取在 13 天时间内观察到每名儿童。

* 若有需要特殊关注的儿童，在每日两份轶事记录中，其中一份可针对该儿童进行观察记录，另一份可任选其他儿童，围绕当日教学重点，开展观察记录。

注：1. 频次记录表可以反映每名儿童的基本表现情况，轶事记录表可以深入剖析部分儿童的典型行为及心理活动，也能反映当日的教学情况。频次记录表由教师每天记录每名儿童的情况，轶事记录表由教师每天记录 1～2 名儿童的情况。

2. 轶事记录观察表填写要点：

* 记录"观察实录"时，请采用描述性语言，若决定对该儿童进行观察，及时告知教学助理，同步跟进拍照和录像记录。

* 当天填写完两份轶事记录的"观察分析"与"教育措施"部分，放学时与家长面谈时也可参考"教育措施"里的内容。

儿童行为检核记录表（频次记录表）

行为类型	行为内容及频次
儿童自信心相关行为表现	1. 主动积极回答老师的问题的次数
	2. 主动帮助他人的次数
	3. 主动给其他儿童做示范的次数
	4. 当遇到困难时会继续尝试的次数
	5. 会自信地说出自己某一方面能力比别人强
	6. 主动参与竞争类游戏或活动的次数
	7. 乐意为老师或同伴表演自己的新技能
	8. 自己完成某项任务后会高兴地与人分享
儿童自控力相关行为表现	1. 当老师开始讲话时停下正在做的事去听的次数
	2. 当与同伴产生争执时，能控制自己情绪的次数
	3. 上课时不玩从家里带来的玩具
	4. 集体活动中能一直安静专注地听讲
	5. 举手回答问题时，能等到被叫到自己名字后才回答的次数
	6. 发现正在做的任务挺困难，仍会坚持做下去
	7. 老师不在时也能按要求盥洗
	8. 被告知自己提出的要求需等待一段时间才能被满足时，能等待
儿童责任心相关行为表现	1. 活动结束后，能主动收拾好玩具的次数
	2. 放学前能自己整理并背上书包，且无物品落下
	3. 小组活动时能认真专注地完成选择进行的活动
	4. 能认真完成值日生工作
	5. 当同伴不舒服时，能主动去关心他/她的次数
	6. 当看见同班的物品掉落在地上，会主动提醒或帮忙捡起的次数
	7. 当发现区角玩具散乱时，主动去收拾的次数
	8. 主动举手担任值日生
	9. 当弄坏班级物品时，能主动告诉老师
	10. 当做错事时，不找理由为自己开脱辩解
	11. 能将教师告知的亲子互动活动转达给爸爸妈妈，并认真完成，提交反馈
	12. 带回了前日领回家的纸质绘本

儿童行为表现轶事记录观察表

观察对象：_____ 观察时间：_____

观察者：_____

观察目的：<u>观察儿童自信心/自控力/责任心发展情况</u>

自信心
   □自我效能感   □自我表现   □成就感

自控力
   □自制力   □坚持性   □自觉性   □自我延迟满足

责任心
   □自我责任心   □任务责任心   □他人责任心
   □集体责任心   □过失责任心   □承诺责任心

观察实录：

观察分析：

教育措施：

照片：